哈佛学生最喜欢的

心理游戏

《学生悦读文库》编写组 编著

江西教育出版社
JIANGXI EDUCATION PUBLISHING HOUSE

图书在版编目（ＣＩＰ）数据

哈佛学生最喜欢的心理游戏 / 《学生悦读文库》编写组编著. -- 南昌：
江西教育出版社，2013.11
　（学生悦读文库）
　ISBN 978-7-5392-7196-5

Ⅰ．①哈… Ⅱ．①学… Ⅲ．①智力游戏－青年读物②智力游戏－少年读物
Ⅳ．①G898.2

中国版本图书馆CIP数据核字(2013)第260646号

哈佛学生最喜欢的心理游戏
HAFO XUESHENG ZUI XIHUAN DE XINLI YOUXI
《学生悦读文库》编写组　编　著

江西教育出版社出版
（南昌市抚河北路291号　邮编：330008）
各地新华书店经销
北京彩虹伟业印刷有限公司印刷
710mm×1000mm　　16开本　　12.5印张　　字数150千字
2014年1月第1版　　2019年8月第2次印刷
ISBN 978-7-5392-7196-5
定价：36.00元

赣教版图书如有印制质量问题，请向我社调换　电话：0791-86705984
投稿邮箱：JXJYCBS@163.com　　　　电话：0791-86705643
网址：http://www.jxeph.com

赣版权登字-02-2013-329

目录

第一章　哈佛助你——瞬间看穿人的潜意识

第二章　哈佛助你——看到行为背后的性格问题

第三章　哈佛助你——抓住真相破解身体密码

第四章　哈佛助你——看透理性能力的艺术

第五章　哈佛助你——破解应激反应

第六章 哈佛助你——知己知彼慧眼识人

第一章

哈佛助你——瞬间看穿人的潜意识

1

从吃苹果看你有什么特别喜好

吃苹果时，你有什么特别的习惯或喜好呢?

A. 把皮削一削不切就吃;

B. 把皮擦一擦或洗一洗就直接啃;

C. 一定要把皮削干净，切成一小块一小块，并装在盘子里，美美地吃;

D. 懒得吃，喜欢打成苹果汁。

★妙探心理★

（A）你对自己有一定的标准，当两者有冲突时，你会努力为自己而战，但当事实胜过理想时，你也不会太过坚持。凡事应好好权衡一下，有些事是否值得去做，然后再去规划、去实行。

（B）你对自己很有爱心，当现实的力量大过内心的标准时，你会很快屈服，避免自己受煎熬。

（C）你不会轻易妥协于现实，无论在什么状况下，你都希望坚持自己的标准，并极力和环境对抗，所以你会有点辛苦。其实，没有人能够十全十美，所以你也没必要把每个人都塑造成你所要求的样子。

（D）你对自己其实没有什么标准，反正就是一味地让自己随波逐流，随遇而安。

2

从冰激凌的口味看你有什么特点

炎炎夏日，你喜欢什么口味的冰激凌呢?

A. 核桃味;

B. 双层巧克力;

C. 香草味;

D. 香蕉奶油;

E. 巧克力脆皮;

F. 草莓加奶油。

★妙探心理★

（A）喜欢核桃味的人固执严谨。他们大都很讲究细节，对自己和别人都有很高的要求。他们从不肯浪费时间，在处世上可能有点固执、严厉和刻板。他们通常不善于表达，在别人眼里他们是守规矩和讲公道的，讲究务实和效率。他们希望自己的伴侣也是这样的人，只有这样，他们才能彼此欣赏对方不俗的品位。

（B）喜欢双层巧克力的人把社交看得很重要。他们喜欢自己被关注，希望自己成为焦点。他们大多性格外向：外向的性格和非常戏剧化的夸张气质，使他们具有天生的演员素质。对于这一类型的人来说，如果需要一种稳定的生活，那么理想伴侣应该是核桃口味的，因为他们会让这一类型的人有安全感；但如果喜欢冒险，那么理想的伴侣应该是巧克力脆皮口味的，因为他们可以给这一类型的人激情，激发并帮助其坚定地去实现自己的目标。

（C）喜欢香草味的人喜欢冒险，性格冲动，生活总是多姿多彩。他们经常会有一些新奇的想法，很浪漫，善于表达，喜欢交朋友。这类人理想的伴侣也应该是香草口味的，因为这样两个同样富于浪漫和善于表达的人在一起，一定会很幸福。

（D）喜欢香蕉奶油的人常常给人轻松、愉快、随和、善于倾听的印象。他们一般都很有人缘，招人喜欢。这一类人因为天生的好性格，所以上述所有类型口味的人都能成为他们合适的伴侣。

（E）喜欢巧克力脆皮的人具有竞争意识、有着很高的理想，却难以接受失败。他们天生具有竞争意识和获胜欲望。这类人最好选择核桃口味的人作为自己的伴侣,因为核桃口味的人能证明自己是目标高远的人。当然,也可以选择双层巧克力口味的人,因为双层巧克力口味的人很欣赏他们迷人的天性。

（F）喜欢草莓加奶油的人生性腼腆。他们经常会对生活感到茫然,但他们又情感强烈,情绪不稳。他们很消极,但对自己的期望却很高。这样矛盾的性格导致了他们常常对自己的失误自责不已。这类人与巧克力脆皮口味的人结为伴侣再合适不过了,因为他们能够以轻松的态度满足这种性格的人的高要求。

3

从送什么礼看你如何与人交往

逢年过节走亲访友时,你认为送什么样的礼物最合适呢?

A. 小孩爱吃的糖果桶;

B. 腊肉、罐头等食品;

C. 水果提篮;

D. 酒或茶叶。

★妙探心理★

（A）虽然你并不在乎自己在别人眼中是什么样子，也始终维持个人本色，不过在团体中，大家很难忽略你的存在。你外向直爽，容易跟所有人搭上线，就算是刚认识不久，你也能很快找到共同的话题，聊个不停。有你在的场合，总会很热闹。也因为你能够照顾到所有人，大家都能和你相处得很和睦。

（B）你做事情一向有自己的原则和底线，并且中规中矩，不会超过自己的本分。你总是在别人需要的时候出现，当灯光与荣誉都向着你罩下的时候，你会选择让别人出风头，自己默默退出。你如和煦的春风，吹拂到每个人身上，让所有人都觉得与你在一起很舒适愉快。

（C）你希望能和大家快乐相处，就算遇到让自己委屈的事情，也会闷不吭声。大家很难听见你的怨言。在维持团体的力量上，你是个很重要的角色，很少有人能取代你的位置。但你经常不将自己心底的话讲出来，委曲求全久了，也让人习惯这样的相处模式，总是将你当受气包看待。

（D）你在与人交往时，很受大家喜爱。在人群中的应对进退表现也是很棒的。你总是懂得别人需要什么，正好搔到痒处，自然就能受到大家的喜欢。不过你倒是不会很在意这样的事情，因为让别人高兴也是让自己高兴的一种方式，这样就算是一种肯定，也足够了。你有时反倒会因为自己的古怪脾气，而不想成为注目焦点。

4

从选什么救急药品看你在人群中是什么样的

旅行是一件让人高兴的事，不过，如果旅途中身体出现不适，那可真是大煞风景。所以在出门前，你总会在行李中准备几种救急的药品，下列哪一项是你的旅游必备良伴？

A. 肠胃药；

B. 晕车药；

C. 头痛药；

D. 外伤药膏。

★妙探心理★

（A）有你在的地方，总会听见笑声。你喜欢欢愉轻松的气氛，也不会介意扮小丑、装可爱，只要大家在一起玩得开心就够了。如果让你一整天闭嘴不说话，或是乖乖坐在椅子上，那可能会把你逼疯的。所以每次和你在一起，大家都期待看你要宝，即使活动再无趣，也可以玩得很尽兴。

（B）遇到不愉快的事，你的情绪马上就写在脸上，再不识趣的人也能看出你的反应。所以，除非有人脸皮够厚，可以无视你的坏脾气，还愿意站出来，重新炒热气氛，不然，尴尬的场面就会这么持续下去，直到冷得将大家都冻死为止。你未来的对象应该挑选脸皮厚如城墙的勇士，善于兵来将挡，水来土掩，这样才能有幸福美满的婚姻。

（C）你行事小心谨慎，说话前会想清楚后再开口。同时你也很会审时度势，等到充分了解状况，才会放得开。所以一开始别人会觉得你好像很内向，看起来闷闷的，其实你只是在做全盘的了解，等到你和大伙儿混熟了之后，才会慢慢将潜力发挥出来，让所有人都始料不及。

（D）你追求完美，如果没有达到你的标准，就无法过关。当你处在一个互动良好的环境，你会觉得很自在，做什么都很顺，能够完全融入团体之中，与大家配合得很好。可是如果你一开始就有偏见，觉得环境不好，之后便很难扭转你的印象，可能会牺牲所有人，让大家陪你一路闷到底。

5

从点菜中看出你的性格

从菜单的点选中，可以看出人的另一种性格以及与他人的协调性。你属于哪种人呢?

A. 点的东西比别人高一级的人;

B. 点的东西和别人一模一样的人;

C. 点价钱和别人一样，但菜色不同的人;

D. 选择又便宜又好吃的东西的人。

★妙探心理★

（A）你似乎要人家付钱的样子，这只是故意地恶作剧一番，没有什么恶意，只是有点好出风头罢了。

（B）你没有主见，容易受到他人意见的影响，性格诚实，协调性高，可是优柔寡断，这不太好。

（C）你具有优秀的平衡感，看起来似乎容易受他人意见的影响，实际上却有明确的主张，内在是一个固执的人。

（D）你是一个喜欢自我行动的人，总是优先考虑自己的兴趣或思想。你个性鲜明，绝不会跟与自己志趣不合的人交往，但对于喜欢的人，要求就很严格。

6

从吃饭方式看你的性格特点

国外有心理学家把一般人的进食方式分为下列六种，并从中归纳出人的性格。看看你属于哪一种？

A. 细细品味，不紧不慢；

B. 进食速度极快，狼吞虎咽、风卷残云；

C. 适可而止，食量较小；

D. 喜欢吃独食，不愿与人分享；

E. 对任何食物都充满兴趣，来者不拒。

★妙探心理★

（A）你是一个办事认真细致、能让领导放心的人。通常情况下，你只做有十足把握的事，但经常表现得对人很冷漠。

（B）你是个内心坦荡的人，喜欢将喜怒哀乐全写在脸上。不懂得如何伪装自己，是一个能团结人的人。

（C）你的个性如饭桌上一样保守，从不张扬。行为小心谨慎，稳重有余，但喜欢墨守成规，没有开拓精神。

（D）你的优点是坚毅勇敢，言行如一，信守承诺，责任心强。但是，你的性格有点孤僻和冷漠，给人一种拒人于千里之外的感觉。

（E）你精力充沛、个性随和，在工作方面是个多面手，能胜任多种任务，深受领导的喜爱。

7

从脱衣服看一个人的性格

美国佛罗里达州一位心理学博士指出，一个人"脱衣"的方式，可以显示出他们的性格。看下面的几种脱衣方式，你属于哪一种呢？

A. 慢条斯理，而且煞有介事的人；

B. 脱衣速度快，有如狂风卷落叶的人；

C. 衣服脱去后，散放在屋子的每一个角落，从不收拾的人；

D. 脱衣服时整齐而有条理，并把衣服叠好或挂起的人；

E. 一进门或寝室，便迫不及待地把鞋子蹬掉的人；

F. 先把佩戴的饰物除下，然后再"宽衣解带"的人；

G. 脱衣的方式并无一定的"模式"或程序，次次都不同的人。

★妙探心理★

（A）你时时刻刻充满自信，而且对目前所过的生活十分满足。

（B）你性格开朗外向，而且很友善。不管在哪里，都受人喜欢。

（C）你有很强的自信心，主观欲望很强，而且富于理智和聪慧过人，算是一个典型的知识分子。

（D）你是一个善解人意的人，比较容易接受别人的意见。

（E）你是一个完美主义者，对任何事情都非常认真，绝不苟同。有时会给人苛刻的印象。

（F）你性格善良温厚，思想深刻，有些罗曼蒂克，也有些敏感。

（G）你性格独特且幽默风趣，总是给人眼前一亮的感觉。

8

从抽烟的姿势看男人的心理状态

抽烟的姿势，可以透露出一个男人的心理状态。看看自己是什么样的抽烟姿态?

A. 把香烟夹在食指和中指的深处;

B. 把香烟夹在食指和中指的尖端;

C. 手掌向外，用大拇指和食指夹住香烟;

D. 手掌打开，用中指和食指夹住香烟;

E. 不同手指轮流拿香烟;

F. 不用手夹，直接放在嘴上。

★妙探心理★

（A）这种类型的人非常有男子汉气概，性格积极干脆，全身散发着强烈的男性魅力，很容易引起女性的注意。他们只要想到要做的事，就会马上付诸行动，是个很可靠的人，也很能得到别人的信赖。这种人做任何事的冲劲都非常强烈，只要自己决定要做，就非做不可，所以很容易树立强敌。由于自己的工作热度很强，投入的心力也多，所以一旦失败，就会比一般人更容易丧失信心，而且

很难从失败的痛苦中解脱出来。

（B）这种类型的人消极、神经质，有点女性化倾向。很爱干净，处理事情时很细致小心。在工作上优柔寡断，也正因为这样，虽然有能力，却很难得到上司的认可。对女性谦恭有礼，非常有绅士风度，而且很会领导女性，因此这种个性很容易吸引女性。

（C）这种类型的人性格开放，擅长社交，不会隐藏秘密，非常有人缘，容易跟任何人亲近。对事情的态度最初常常表现得很积极，但容易半途而废。在女性心中，是个富有爱心、同情心的人，也是个商量事情的好对象，不过在言谈举止上容易轻率。

（D）这种类型的人善恶分明，个性很强，很容易接受朋友，但攻击性、警戒心很强。所以总是把喜欢或讨厌分得很清楚，喜欢时会打开心房，与朋友共患难；一旦不喜欢，就会变得很冷漠，好像不认识一般。对于决心要做的事，不管多么困难都要完成，但在做想做的事之前，会花很多时间去考虑，而且会详细计划。

（E）这种类型的人神经质而且相当敏感，总是情绪不稳，对于任何事的反应都很强烈。所以精神上一直不太安定，身体的状况很不理想。因为这种情况，无论做什么事，都无法如意完成。

（F）这种类型的人做事轻率，什么事情都要插嘴，而且心性不定，容易轻信别人，也有点神经质，所以受骗的机会相当多。外表看起来是个很有执行力的人，但实际上很散漫，没有自己的原则，常常做一些违背自己原则的事，也经常做错事。不过在交友方面则是非常热情，而且是会大胆行动的情圣，所以女性与这种人交往时要慎重考虑。

9

从手掌的动作看你的个性

当你伸出手时，你张开手掌时的姿势、手指呈现的状态，可以反映出你的个性如何。一起来测试一下吧。

A. 五指全部弯曲伸出；

B. 只有小指和其他手指分开伸出；

C. 只有拇指和其他手指分开伸出；

D. 手指全部紧贴一起伸出；

E. 手指全部分开伸出。

★妙探心理★

（A）你意志薄弱，常常感到疲惫不堪。不过你经常为别人着想，性情温柔，别人麻烦你的事，你很少会拒绝。

（B）你对喜欢和不喜欢的人有明显不同的态度，且内心充满了智慧。但是你也是个容易生气、脾气暴躁的人。

（C）你意志力超强，是个拥有自我主张、个性固执的人，而且经常处于非常热情的精神状态。

（D）你做事细心、认真谨慎，但经常压抑自己的感情。你始

终贯彻"先慎思后行动"的准则，做事很有分寸。

（E）你属于乐天派，个性爽朗快乐。行动也非常灵敏，讨厌被约束，而且讨厌就是讨厌，高兴就是高兴，情绪会很明确地表现出来。

10

从睡觉的姿势看你的个性

人在进入梦乡的时候，会卸下一切伪装，将隐藏许久的潜意识显现出来。所以，从一个人熟睡时的姿势可以看出其性格的倾向性。下面列出的几种睡觉姿势，你属于哪一种呢？

A. 如鸵鸟一般趴着睡觉的人；

B. 像猫一般缩成一团睡觉的人；

C. 侧卧睡觉的人；

D. 仰卧睡觉的人；

E. 抱着枕头侧睡的人；

F. 睡着后常踢被子的人。

★妙探心理★

（A）这种姿势意味着和这个世界隔离了，这类人没有奋斗的意志，总爱逃避现实，因此有些自甘堕落，且自私自利。

（B）这种人性格优柔寡断，遇事犹豫不决。做什么都小心谨慎，对现实不满，对未来也没有规划。唯一的乐事就是躲在被窝里胡思乱想，不做什么实际行动，是个标准的空想主义者。

（C）这种人思维敏捷，且踏实认真，诚实可靠。在工作与娱乐场所中，很受人喜欢。不过胆量小，做事缺乏耐心。

（D）这种人感情冲动，但是性格怯懦，做事盲目，没有明确的目标，喜欢追求不易实现的理想。

（E）这种睡姿看起来睡相甜蜜，正说明这种人喜欢被人赞美和疼爱。他们办事积极热心，不怕困难，是个坦白率真又有坚强毅力的人。

（F）这种人善于交际，爱好自由，不喜欢受到束缚，但也因此而缺乏自制力。

11

测测你有什么魅力

你在遨游海底时，遇到了美人鱼，她送你一块绽放着美丽光芒的石头，你认为这块石头的光芒是什么颜色的？

A. 像红宝石一样鲜红的颜色；

B. 像珍珠一样雪白的颜色；

C. 像绿宝石一样翠绿的颜色；

D. 像黄水晶一样的颜色；

E. 像钻石一样透明的颜色；

F. 像紫水晶一样泛紫的颜色。

★妙探心理★

（A）你很有开拓精神，具有发现新事物的能力。如果你能将那些新颖的点子付诸行动，很可能会成为伟大的发明家。

（B）你有强烈的吸引他人的特殊气质，拥有超强的人气。如果恰当使用这些优点，你做事时可以左右逢源。

（C）你拥有让身体变得健康的知识。你注意对身体的科学保养，往往在年龄很大时仍能保持令人羡慕的活力。

（D）你机智而富有知识，头脑聪明，反应迅速。你好奇心很强，若能好好发挥，很有可能开创不错的事业，反之则可能误入歧途。

（E）你在潜意识中总是梦想着发大财，不过，想把理想变成现实，你还要培养自己的淘金才能。

（F）在别人眼中你是个充满神秘感的人，常拥有比他人更敏锐的第六感。若能好好发挥利用自己的才能，你会取得相当不错的成就。

12

检验你的幸福感

如果要画一只鸟和一个人的话，你会如何构图？选出下面五幅中你最喜欢的一幅。

A. 一只鸟停在一个人的肩上或手上；

B. 一个人正向飞行的鸟招手；

C. 一个人正看着笼中的鸟；

D. 一只鸟在天空飞行着，而这个人对这只鸟毫不在意；

E. 一个人正追着飞走的鸟。

★妙探心理★

（A）幸福每天都陪伴着你，你每天都觉得自己很快乐，可能是你找到了自己的目标、最爱，因此你是个幸福感很强的人，觉得自己是世界上最幸福的人。

（B）你在等待幸福的降临，并且是以一颗平静、平常的心来等待。但人生中有很多事要靠自己去追逐、争取，机会幸福稍纵即逝，不得大意。

（C）幸福已经临近，但受到了一些阻碍而让你迟迟无法如愿。比如你已有结婚的对象了，但双方家长反对你们的婚姻，或是你自己无法克制自己的心理障碍，所以婚期仍然未决定。

（D）现在的你对生活相当茫然，你对幸福也没什么感觉，或许你要经过一些事情才会突然开窍，对人生有另外一番见解。

（E）你正在苦苦追寻心中的幸福，想抓住，但又抓不住，正处于身心疲惫的状态中。其实有舍才有得，只要你意识到眼前的幸福并不是真正的幸福，就会很快做出决定。

13

检验你的思考能力

当我们还是孩子时，总是羡慕大人的世界，觉得他们自由自在。说说看，那时候的你最羡慕大人什么？

A. 可以为所欲为；

B. 穿着打扮；

C. 不必考试；

D. 权威感。

★妙探心理★

（A）你天生具有很强的吸引力，可以快速了解别人在说什么，经过消化之后转化成你熟悉的做事程序，让所有人都叹服你是心中有数的人。

（B）你会想到问题的细节部分，你提出的建议总是让事情更加完美。

（C）你的想法总是与众不同，你会考虑到事情的其他方面。然而这往往不是一般人能想到的，所以如果没有知音，你总是单枪

匹马地一人奋战。

（D）你在思考一件事的时候，会先找出最主要的问题，确定实行的范围之后，才会进行大纲的构架。所以你很快就能进入状态，对事情的全貌有清晰的概念。

14 看衣服识女人

女人和衣饰总是有不解之缘，可女人抱怨最多的就是没有衣饰，难怪说女人的衣柜里永远少一件衣服，尽管她的衣服已经多到装不下。从女人喜欢的衣饰可以窥探出她的内心：

A. 明亮艳色；

B. 白色棉衣；

C. 丝质衣服；

D. 淡粉衣饰；

E. 印花衣裳；

F. 宽大衣衫。

★**妙探心理**★

（A）喜欢明朗艳色的女性往往外向主动，干脆大方，只是有些极端倾向。

（B）喜欢白色棉衣的女性性格活泼，虽然有些自视清高，但也蛮好相处的，因为她的心情总是阳光。这类人内心健康，讨人喜欢，会有不少朋友。

（C）喜欢丝质衣服的女性比较具有诱惑性。丝质衣服过于柔软，没有好身材是穿不出效果的，所以这类女性对自己的身体很有自信，也希望能引起别人的注意。

（D）喜欢淡粉衣饰的女性是典型的浪漫派，温柔甜美惹人爱，经常有罗曼蒂克的幻想，也有些害羞，偏保守矜持。

（E）喜欢印花衣裳的女性大多缺乏主见，胆子不大，但是做事容易冲动。总体来说还算可爱。

（F）喜欢宽大衣衫的女性过于随和，没有太多爱好，很实际，缺乏浪漫想法。

15 看鞋子识男人

目前，在英国女性中流传着一种新的择偶方法，她们在一分钟内就可以确定眼前这个男人是不是自己心中的白马王子，而这一切都是通过看男人脚上的鞋子来确定的。看看你的如意郎君是如何穿鞋的？

A. 爱穿正统黑皮鞋；

B. 穿鞋很节俭；

C. 重复购买固定样式的鞋子；

D. 喜欢穿休闲鞋；

E. 不在乎自己穿什么鞋子，乱穿一通。

★妙探心理★

（A）这种类型的男人，如果在休假或者约会时都习惯穿正统的黑皮鞋，你可要做好心理准备了，他有着不折不扣的大男子主义倾向，而且很看重母亲的意见。你如果爱上他，不要有想左右他的想法，他有一套自己的待人处事原则，不会因为你而作出什么改变。

（B）这种类型的男人一般属于拘谨、放不开的保守型男人。在为人处世上不够圆滑，常常会自己都不知道什么时候得罪了人；在人际关系上也不会周旋；在专业领域中，常因默默努力而有机会获得成功。如果你爱上了他，一定要小心，他可是一位内心热情的男子。第一次约会时，内心就会对你充满无限的遐想，希望能早日和你变成情人，能一拍即合，亲密无间。但他个性拘谨、保守，这使他压抑自己，不敢向你表白。所以你不妨主动一些，多制造机会让他可以表白。

（C）这种男人很念旧，对于自己习惯的人和事物，总有一份深深的依恋，就算他的情人无理取闹、任性、孩子气，他也会以一种包容的心态去对待她，直到她慢慢地成熟明智。他的老朋友很多，对朋友也很讲义气，他会为朋友出头且在适当的时候伸出援助之手，让朋友觉得他是个值得信赖的靠山。因此，你若是爱上了他，不妨多倾听他的烦恼，多体贴他的生活细节，彼此的情感要以稳定成长的方式进行。

（D）这种男人注重休闲生活和生活品位。对于鞋子要求很高，不但要舒适，更注重鞋子的款式，还要搭配合适的服装。在个性上，他喜欢掌握主动，主观意识强，对自己的要求很严格，对异性的要求则挑剔。在生活上，是个有规律的计划者。和他约会时，你可以感觉到他是个十分体贴的好情人，态度温和有礼，言谈风趣幽默，他十分了解自己喜欢什么类型的女孩。所以和他约会时，即使你不合他的理想，他也会很亲切，别以为他对你有好感，他只是

有绅士风度而已。

（E）这种类型的男人不在乎自己穿什么鞋子，乱穿一通。有的时候鞋子与衣服一点儿也不搭，哪怕是鞋子早已破损、样式过时，他也无所谓。甚至不穿袜子、袜子已破损不堪，他都可以忍受。在个性上，他不拘小节，常常眼高手低。私生活没什么条理，又喜欢做白日梦，相信总有一天自己可以一步登天，喜欢过自欺欺人的生活。你若是爱上了他，会发现他的感情世界纷乱复杂，常常是忘不了旧爱，又拒绝不了新欢，三角恋、四角恋纠缠一起，而当一切纷争引爆时，他会选择"逃开"。

16

看看你对金钱的欲望

如果你参加一个宴会，当服务生端着啤酒给你，而托盘里的杯子有着不同分量的啤酒，你会选择哪一杯？

A. 正准备要倒入的空杯；

B. 半杯；

C. 七分满；

D. 全满。

★妙探心理★

（A）你对金钱的欲望非常强烈，但是你经常搞不清楚自己到底有多少钱，所以你虽然很会赚钱，但也算是一个穷人。

（B）你做事非常谨慎，对金钱的处理也同样谨慎，总体来说，你对金钱的欲望不强。

（C）你凡事都会给自己留后路，你的自制力很强，不会轻易进行危险的金钱交易，所以你对金钱的欲望很强烈，也善于支配金钱。

（D）你对金钱极其贪婪，欲望也极强。你是一个非常贪婪的人，想把所有的好东西都尽收眼底，收入自己囊中。

17

从打喷嚏看你的性格

你打喷嚏的方式是什么样的呢?

A. 打喷嚏声音响，有力;

B. 会极力放低打喷嚏的声音，甚至为了不打搅别人而努力憋回去;

C. 打喷嚏时礼貌、优雅，声音适中，经常用纸巾或手绢捂住

嘴，以避免秽物喷出或声音太大；

　　D. 打喷嚏声音极大，而且一连好几个。

★妙探心理★

　　（A）这种热心型打喷嚏者，通常是具有超凡魅力的领导者，经常会提出独具匠心的创新思想，而且洞察力强，能够鼓舞和激发其他人的斗志，重视人际关系，并珍视这种关系。对人热情、乐观向上、独立、口才好、喜欢与人沟通，且随时准备迎接新的挑战。

　　（B）这种优雅型打喷嚏者一般都比较热情友好，在生活中也努力避免与他人产生冲突，与人为善、忠诚冷静、值得信赖，会认真倾听别人的谈话，喜欢帮助别人。

　　（C）这种谨慎型打喷嚏者做事尽职尽责，且非常细心，喜欢思考，做什么事情都习惯三思而后行，认真仔细。即使心中拥有奇思妙想，也不会急于说出来，会等待合适的时机。这类人喜欢阅读，认为这可以进一步增进他们的思考。

　　（D）这种直接型打喷嚏者做事果断，同时希望别人也能够像自己一样。他们很独立，不想依赖任何人，最有可能成为领导者。他们个性强，做事效率高，憎恨受到不公对待。

18

测测你的潜能被开发程度

现在你被关在一间密室里，在你的眼前有一颗定时炸弹即将引爆，你盯着炸弹上的数字直发抖。用你的直觉想一想，还剩下几分钟炸弹就会爆炸？

A. 10分钟之内；

B. 11分钟到25分钟之间；

C. 26分钟到40分钟之间；

D. 40分钟以上。

★妙探心理★

（A）你的潜能在三年之内就会出现，而且是在你完全没有心理准备的情况下突然出现的。你不妨试着挑战一下自己，试着去做一些自己认为不可能做到的事情，结果也许会让你很满意。

（B）你的潜能会在三年到五年之内出现。你要一直持续做你感兴趣的事情，总有一天，你会比别人更上一层楼。所以若是现在你还没有成功，不要气馁，继续努力吧！

（C）你需要长一点时间，潜能才会被发现。从现在开始算起

约十年后，是你最有希望的时期。在这期间你会经历一次很大的转变，多多拓展你的人际关系，将会对你有所帮助。

（D）你属于大器晚成型。虽然在年轻的时候你也发挥过你的才能，但那只是你真正才能的一半而已，并没有完全发挥出才能来。你需要十年以上的时间，潜能才会出现。把年轻时得来的经验累积起来，会是你日后一笔巨大的财富。建议你有机会多看看书，多与人接触交往，将会无往而不利！

19

当对方不耐烦时，你会怎么做？

你跟朋友讲话时，对方表现出不耐烦的样子，甚至头转向旁边，你会：

A. 草草结束，不再多说；

B. 要求对方认真听；

C. 不管对方是不是在听，都继续讲；

D. 停下来，把要讲的话憋回去。

★妙探心理★

（A）当你发现对方没有在听你讲话时，就含糊不清地带过，草草结束，这种方法其实只是勉为其难地给自己找个台阶而已。说明你是个对自己的人际关系很没自信的人，因为在你看来，自己讲话没有人想听，这是件很丢脸的事。于是，你在发现对方不想听你讲话时，就会很快地结束谈话，一来可以保住自己的面子，二来也可以让对方没办法再捉弄你。你对别人的恶意很敏感，心理不够强大。

（B）你是一个很自尊也很有个性的人，即使对方是故意挑衅，你也不惧怕。从你对付对方的方法可以看出，你是一个想和对方硬碰硬的人，你的敌我意识很强，而且随时保持着警戒状态，不会给对方任何攻击你的机会，因此，对方以这种不是很明确的方法侵犯你的尊严时，你会以明确的反应来对付。由此可见，你是个不容别人侵犯的人，也是一个很容易和对方大打出手的人。

（C）你很要面子，即使对方不想听，可是你认为话还没讲完就憋回去很没面子，所以你会继续讲，至少讲一个段落再停下来。你这样的心态是不想和别人发生正面的冲突，你觉得因为不受尊重而跟对方吵架，是一件很难堪的事。当然，你会觉得气愤难过无奈，你对于别人让你丢脸所采取的方式，只能采取半压抑半转移的策略。

（D）你是一个害怕得罪人的人，即使别人故意让你下不来台，你还是自怨自艾，把苦水吞下去，自己难过。由此可见，你抵御敌人攻击的方法是逃避，这种方法换来的只能是别人的暗自偷笑，对你没有任何好处。不过重点在于你自己没有多少自信心。

20

从走路时双手的姿势看人的心·态

观察一个人走路时双手保持怎样的姿态，并从中透视其内心，你肯定会觉得妙趣横生。

A. 握拳状；

B. 五指伸得笔直；

C. 五指微屈；

D. 插入口袋。

★妙探心理★

（A）你是典型的行动主义者，大多精力充沛，精明能干，敢于面对现实生活中的各种挑战，适应能力很强，尤其是做事从不拖泥带水，很讲究效率。富有正义感，常会路见不平拔刀相助。在感情方面，你勇于表达心中的爱，并且对婚姻专一，不会搅入三角恋情中。

（B）你是一个严肃的人，遵守纪律，注意道德规范，对自己的信念非常专注，适合快节奏的生活。在爱情上你很有自己的主意，选定了目标之后一般不会因外界的环境和事物的变化而受影响。但是，你往往最让情人心欢也最让情人讨厌，因为你一旦看上某个人，就非要缠到手不可，只要对方答应你，你甘愿做人家的人力车夫。你对事业的执着是其他类型的人不能比的，如果能充分发挥自己的长处，一定会很有收获。

（C）你有原则，但只对自我设限，而不要求他人必须因循同样的标准。对于爱情，你追求稳定而不失情趣的恋情，基本上你是忠贞而憎恶畸恋的。

（D）你具有双重的性格，一方面洒脱不羁，一方面又忧国忧民，整天为此愁眉不展。想象力和创意都不错，做事不会墨守成规。你自身的艺术家气质使不少人因为你的洒脱而着迷，同时又为抹平你心中的忧愁而不忍离去，你需要有包容心的人做伴。

21

你的哪种特质在异性眼中最吸引人？

如果你是童话故事中的王子，要拯救心爱的睡美人，你会亲吻她哪里呢？

A. 额头；

B. 脸；

C. 嘴唇；

D. 手背。

★妙探心理★

（A）你最吸引异性的是你的单纯可爱。你是一个长不大的女孩，所以不管现在几岁，你的天真、可爱与单纯，在男人眼中都是不可多得的性感，甚至会想进一步地保护你或是呵护你，让你在安全的地方快乐地生活。因此继续保持你的这种心态，就会让爱你的男人觉得你性感极了。

（B）你最招异性喜欢的是你的温柔体贴。你的温柔中带着婉约与贴心，这正是男人眼中最性感的地方，也是你让男人无法抗拒的魅力。太强势的大女人会让男人有压力，你的温柔体贴反而会让男人心动不已。

（C）你在男人眼中最性感的地方是性魅力。恭喜你，天生就会不自觉地散发出女人味，让男人看到你，内心就会有只小鹿乱撞，甚至于脑袋中也会出现许多激情画面，恨不得能跟你有进一步的肌肤之亲。而这种性感的性魅力是每个女生都很羡慕的，你可要好好珍惜与运用，你将会是男人眼中的女神。

（D）你在男人眼中最迷人的地方是你的聪明理性。一般女孩子容易情绪化，或是爱耍大小姐脾气，让男人受不了。而你特有的理性与智慧，让你跟一般女孩子不同，男人可以轻松自在地跟你相处，以及谈论一些事情，而不必一直费心安慰你的情绪。

22

测测你在人际交往中都是什么心态

忽然间，有个不熟的人对你百般讨好，你会：

A. 以平常心与对方交往；

B. 不拒绝，但心有戒备，认为对方必定有所图；

C. 自认为有人缘，高兴开心；

D. 马上拒绝，不给对方机会。

★妙探心理★

（A）你不会轻易给人戴上敌人或朋友的帽子，你也相信对方只是想跟你做朋友，所以你也可以用平常心来和对方交往。因为这样的心态没压力，而且可以坦诚地表现自我，所以你的心中不会有任何防卫意识来隔离对方，如果对方真有所图，相信也会自动打消念头，因为你不会预设立场，当然也不会受对方影响，被对方所利用。所以，你的这种心态应该不会和任何人树敌。

（B）你和人相处很有戒心，尤其是对于陌生的人，你有一套自我防卫系统，冷静等待对方的攻势。因为你有这样谨慎的态度，所以你的人际关系通常是四平八稳的，就算有敌人要暗算你，也不

是件容易的事。除此之外，你的性格也很沉着冷静，即使知道对方有所图，也不拆穿对方的把戏，这是一种很成熟稳重的做法，使你不会无端得罪人。

（C）你自我意识很强烈，经常只为自己着想。因为你心中想的都是自己，所以你很容易被抓住弱点，让人有所企图地接近你。只要对方对你稍微殷勤一点，对你说点好话，你就会很容易陷入自己的期待中，认为自己真的是很受欢迎的人，因此你的心就会全部打开。所以，如果有人想利用你，也是一件轻而易举的事情。

（D）你的自我防卫系统可能反应过度了，所以会一口回绝，不给对方任何机会。这种做法多少会影响你的人际关系。在你的心里，对任何人都没有安全感，尤其是陌生人。你随时随地都处在戒备状态，所以才会有这种过度激烈的反应。为什么你会这样？也许你曾经受过伤害或是什么刺激，也可能是你天生就有点神经质。不管什么原因，最好还是开放一点心灵空间，不要太封闭，否则你的人际关系将处于一种封闭状态，这会对你的心理健康造成很大的伤害。对你来说，也许你自己才是自己最大的敌人，外在的敌人也许只是你心里捏造出来的假象！

第二章

哈佛助你——看到行为背后的性格问题

1

你是什么类型的朋友？

去酒吧喝酒，结果另一半喝醉了，你觉得下列他的哪种行为最让你丢脸？

A. 吵架闹事摔东西；

B. 在桌子上跳脱衣舞；

C. 跟异性过分嬉戏。

★妙探心理★

（A）这种类型的人很讲义气，所以和你做朋友就算很久没有联络，很多事情只要一通电话，你都会凭借你的精神力量或是人脉把问题解决了。所以选择这个答案的朋友，是非常有义气的人。

（B）这种类型的人很喜欢把各种好玩的事情和大家分享，尤其是和好朋友，会说一些笑话，或是扮小丑，当然还有一些八卦，把所有的朋友逗得开心得不得了。只要你一出现，大家就会觉得开心来了，然后所有的烦恼都会忘掉。所以选择这个答案的朋友，你是朋友的开心果。

（C）你的朋友都觉得和你在一起能有福同享。这种类型的人心地很善良，对任何一个朋友都非常好，只要是你认定的朋友就会尽全力去照顾他，有钱出钱，有力出力。所以选择这个答案的人，跟你做朋友真的非常好，是一个很值得用心交的人。

2

你是什么类型的女友？

对于小女生来说，假日里最舒服的事莫过于手里拿着零食，坐在沙发上看电视了。如果在你准备换台看喜欢的电视节目时，遥控器突然失灵了，你会怎么做呢？

A. 干脆不用遥控器，用手去按电视上的按键；

B. 更换遥控器里面的电池；

C. 敲敲遥控器看看；

D. 打电话请人来维修。

★妙探心理★

（A）你不是那种会对男人下命令的人，就因为这种保守的性格，那种不会对人下命令的男士，也得不到你的欢心。你这种受虐的倾向，很容易让男人得意忘形。

（B）你很温柔体贴，总是先考虑到恋人的感受，绝不会去指使、命令你真正喜欢的男性。所以你常常将自己的想法藏起来，等到了解对方的想法后，再去寻求平衡点。但是遇到特别能包容你的男性时，你就会或多或少地表现出女皇的倾向。

（C）你是一个十分任性的人，对你的男朋友总是呼来喝去的。你认为对方喜欢你，理所应当就该全听你的。如果对方有一点不顺你的心意，你就会立刻吵得天翻地覆。你是个极有主见也挺专制的交友导演，对于爱情，充满了浪漫的期待。脑子里不知道存了多少从书上或是影视作品中获取的交友画面，既然你早已把爱情的蓝图规划好了，自然就会要求对方照着你的意思来演绎。如果对方表现不好，很可能会被你踢出局。

（D）你是个有合理思考逻辑的人，也可以说是个策略家。表面看起来你很开通，给予两人很大的空间，不会干预对方的生活。实际上，你从来都没有放弃过掌控全局的努力，只是支配恋人的野心，用糖衣包装起来，让人很难发觉。

3

你是怎样的父母？

平时你的孩子是怎样称呼你的呢？来，测测你是怎样的父母。

A. 爹地或妈咪；

B. 爸爸或妈妈；

C. 各种亲密的外号。

★妙探心理★

（A）只要给你机会，你会很快变成一个完美的父亲或母亲。你常常以自我为中心，工作是你的全部。你将全部身心都放在工作上，甚至常常忘记自己已经结婚生孩子了，只有假日闲下来才会摇身变为父母。

（B）你希望可以给孩子创造出更好的成长环境，每时每刻都挂念着他们。把全部的心思放在孩子身上，以至于常常忘记自己的存在。

（C）你的骨子里还是个大孩子，恨不得自己当小孩才好。在你内心深处还很孩子气，不希望自己长大，即使有小孩也希望把他当成好朋友。

4

看你身上的潜在优势

深夜由车站步行20分钟回到家，到家后发现门已锁，家人已沉睡，怎么都无法叫醒他们。但二楼灯还亮着，你会怎么做？

A. 弄坏门或窗的锁，或用铁丝想办法开门；

B. 到附近的店里坐坐，再打电话，如果不行就坐到天亮；

C. 脱下鞋子掷向二楼；

D. 回到车站打电话。

★妙探心理★

（A）你是具有一技之长型，有专业知识，可提升素质的社会新人。努力强化自己的专业技术，就能在各行各业中出人头地。你就是所谓有技艺在身的人。

（B）你是运动型，把经营事业看作赌博或运动，重视新点子，偶尔会尝试去冒险。

（C）你是挑战勇士型，将社会或工作场所视为争夺胜负的地方。创业型经营者多属此型。

（D）你是企业人才型，你对人际关系与团体工作很重视，认为应该与之共存共荣。

5

看看自己最喜欢哪种男人

假如你中了大奖，可以随意选择一辆车，你会选哪种呢？

A. 蓝色的轿车；

B. 白色的厢型车；

C. 鲜黄色的旅行车；

D. 红色的敞篷跑车。

★妙探心理★

（A）你是一个很有主见的人。你有自己的感情观，你不会让自己在情海中随波逐流。相反的，你会随时注意和观察周围的状况，找到自己的目标。你会选择稳重理性、有经济观、做事干净利落的人做你的伴侣。约会时，你会选择一些比较知性的地方。不过，这样的你和他在别人看来，会有些不可思议，甚至会怀疑你们

是不是真的在交往。

（B）你是一个家庭型的人。与其到昂贵的高级餐厅吃饭，让自己很拘束，还不如去气氛轻松的地方吃饭。要你像个企业家似的，每天用头脑控制大局，你情愿每天安安稳稳地和家人相处在一起。所以，能够让你有安全感的温柔男士，是你最需要的。不过你们的相处模式会随着时间的推移变得跟空气一样，无色、无味，似乎感受不到他的存在，但也少不了他。

（C）选择这么明亮颜色的你，个性应该十分开朗。属于行动派的你希望他不但像情人，还要像朋友，可以一起去爬山、游泳、打球、踏青，并且还要让你感觉好像是和自己的死党玩在一块儿一样毫无负担，快乐无比。

（D）你是很注重外在打扮的人。理想中的伴侣也要外形好看、同时又会装点自己。虽然说内在比外在重要，或内在和外在一样重要，但对你来说如果外在不令你满意，即使内在再美，你也会毫不犹豫地对他说抱歉。你希望能时刻沉浸在小鹿乱撞的喜悦中，所以你会喜欢表达爱意、随时可以在你耳朵边甜言蜜语的男士。而且你希望你和他的约会豪华奢侈，这样会让你身边所有的朋友又羡慕又嫉妒。

6

洞悉他外表下隐藏的东西

以下有四种时髦装扮，你觉得你的男友会向你推荐哪一种呢？
通过以下的测试能让你从侧面了解你的男友的部分心理。

A. 突显身材的贴身连身短裙装扮；

B. 上下两截露出肚脐的装扮；

C. 两侧开高衩的长窄裙装扮；

D. 小可爱外罩薄纱的装扮。

★妙探心理★

（A）你是不是觉得他像一只柔顺的小绵羊呢？的确，觉得这种装扮最性感的男人，大都有一个斯文的外表。但是，这种类型的人其实具有野狼似的潜在特质，是属于高危险的人物。他很会玩，也懂得玩，对于自己的真正目的及欲望，能够控制得非常好。

（B）直接露出肚脐的装扮确实很性感。但是这种性感已经让人在视觉上挺满足的了，剩下的想象空间并不大，自然也就不会让人产生什么性幻想了。想要谈一场纯纯的恋爱的话，他绝对是第一

人选。不过这样的交友模式短时间还可以，时间久了难免会让人觉得好像少了些什么。他的性欲很容易被点燃，建议你有时不妨主动一些，你们的感情就会更上一层楼。

（C）有人说懂得欣赏女人的男人一定是先看女人的腿。他不但欣赏腿，还喜欢那走起路来若隐若现的开高衩窄裙装扮，认为那样是最性感的，可见他的欲望很容易地就写在脸上了。与他交往的人也多能警觉到他的主要企图，小心啊，哪天当他处于饥饿状态下时，很可能会侵犯你。

（D）很难辨别他到底是温驯的羊还是凶狠的大野狼。因为他会因对象的不同而有完全不同的表现。还不光是这样，就算对象是同一个人，他也会因时因地而有完全不同的表现哦！一般来说，这样的人比较浮躁，对于自己的欲望也不懂得控制。当气氛、感觉到了，他会无法克制、不顾一切地伸出狼爪，吃掉眼前的猎物。

7

你怎样才能赚到更多的钱？

如果你是一个上班族，最不能忍受坐在你对面的同事有什么怪癖呢？

A. 喜欢盯着你看；

B. 喜欢咬手指；

C. 喜欢东张西望；

D. 爱玩弄头发或转笔。

★妙探心理★

（A）你的人际关系很不错，你可以多跟朋友打听赚钱的门路。你的人缘非常好，平时多跟一些朋友联络，就可以从中发现不同的行业有不同的赚钱契机！

（B）你很聪明又有头脑，可以多想一些点子为自己创造财富。这种类型的人创意十足而且非常机敏，因此可以多加强自己的创意让自己的点子变成钱。

（C）你很能吃苦耐劳，可以多兼几份差事来赚钱。这种类型的人，非常能吃苦，把吃苦当成吃补，反而能够发展自己的专业或才华，会让自己非常开心。

（D）你快乐的潜力比赚钱更多。这种类型的人很容易知足，觉得钱赚得够用就行了，宁愿多花一点时间让自己享受快乐。

8

看看你是否有领导风范

你的下属Amy新上任，没过多久，你发觉她经常偷懒，工作不努力，令同事之间互相猜忌。考虑过后你决定把她解雇。你会：

A. 叫她进办公室，然后直接把她辞退；

B. 叫助手告诉她已被解雇；

C. 把她解雇，然后安抚下属，叫他们安心工作；

D. 以温和的语气和外交辞令向她解释，她实在不适合在公司工作。

★妙探心理★

（A）你的领导风格属于独裁型。你不能忍受别人犯错，任务一旦下达便希望别人能够一丝不苟地把工作做到最好。这是一种传统的管理方法，但是在讲究人性化管理的今天已经有些不适用了，而且这类主管较少受人爱戴。

（B）你属于被动的领导风格，总是逃避面前的困难。虽然这种作风并不是完全没有效果，但如果要成功地采用这种领导方式，你需要一个十分精明干练的助手。

（C）你懂得协调，属于队长风格。一方面你懂得在适当的时候运用权力，尽量和下属保持合作；另一方面又能提高士气，对每位下属都十分关心，让他们觉得自己是队伍中的一分子。

（D）你属于民主式的领导风格，对待下属很友善。每次使用权力时会犹豫不决，虽然能顾及下属的自尊和士气，人人都工作愉快，但是你部门的工作效率一直不是全公司最高的。

9

你的性格保守吗？

假如说你们公司要制作一个宣传版面，很多公司都想揽下这个业务，老板把这件事情交给你全权负责。第二天上午，你就收到一个没有寄件人地址的快递。你想：肯定是其中哪家公司寄来的。接下来，你会怎么做？

A. 请示上级；

B. 打开再说，看看是什么东西；

C. 查查是谁寄来的，然后用同样的方式再把它寄回去。

★妙探心理★

（A）你有很强的依赖心理，同时你也有逃避责任的嫌疑。你心理上总是拒绝长大，不想长大成人，也不想承担责任，你害怕像成年人那样面对更多的社会问题。所以，在你的潜意识当中，你认为成功就必须为工作负责。对你来说，不妨去冒险跟自己的事业做一番赌博，也许会得到意想不到的效果。

（B）在你的观念里，成功并不代表你自己的立场，取得事业上的成功对你来说也不是最大的诱惑。因此，你工作起来不会很卖力，也不可能成为工作狂，但是，你还是会尽职尽责地完成好自己的分内工作。

（C）你个性上相当保守，不会去做什么出格的事情。你这样的人，在事业上很难有大的突破，除非自己努力在各方面寻求自我能力的提升。但在潜意识里，你又是害怕失败的，因此就产生了矛盾的心态。建议你在调整自我的时候不要突然冒进，慢慢地转变，你就会成功了。

10

测测你的感情观

如果在一个阳光普照的日子，你心情舒畅想，出去散步。无意间走到一个从没有来过的三岔路口，好像哪边都有美好的景色，你会选择去哪一个方向？

A. 走左边的路；

B. 走中间的路；

C. 走右边的路；

D. 感觉哪条路都合适，想一下再作决定。

★妙探心理★

（A）你是一个很固执的人。只要你看到了心仪的对象，不管你们之间有多大的差距，也不管会遇到多大的困难，你都会毫不犹豫地去追求对方，义无反顾地去表达你的爱。你从来不惧怕世俗的眼光，也不怕别人怎么看你，你敢恨敢爱，爱憎分明。所以，你常常给人一种高深莫测的印象。同样，你对自己的恋人要求也很高，希望对方也是个个性鲜明、具有独特韵味的人。

（B）你是个痴情的人。你对自己的爱情充满了期望，你把爱情想象得完美和圣洁，所以，你一旦认定自己的爱情，就会不顾一切地投入进去，而且非常执着，甚至固执，但从来不会主动放弃自己的爱情。

（C）你是一个很随缘的人。你从来不刻意地计划什么事情，所以，你的交友也很随缘，跟着感觉走，喜欢就去追求，不喜欢就算了，从来不会因为爱情的烦恼而痛苦不堪。当然，因为没有明确的目标，一个人有时也会孤独寂寞。所以，对于你来说，不要什么事情都凭感觉，爱情是个复杂的东西，不要太随意了，否则会得不偿失的。

（D）你是一个追求完美的人。你不管做什么事情都很细心，考虑得很周到。所以，你对爱情也是抱着很谨慎的态度，总是想得到一份完美的爱情。但是，你在谨慎的同时一定要果断，在"有感觉"的人出现时，一定要大胆地出击，不要缩头缩尾，左思右想，否则很容易让机会溜掉，到那个时候后悔就来不及了。

11

测测你的事业成功率

疯狂的工作暂时告一段落，终于盼来一个难得的休息日。你花了整个晚上盘算着这一天该如何度过。最后，你的如意算盘是哪桩?

A. 打扫屋子，窗明几净，心情也会很好;

B. 逛逛书店吧，为了充电得时刻准备着;

C. 独自外出购物，得再为自己添身行头;

D. 约见朋友，在洒满午后阳光的兰花小馆随心所欲地闲聊。

★妙探心理★

（A）你的事业成功率较低。你的"自我步调"是你的优点，但同时也是你的缺点，它会影响你在事业方面的进取心。你自身也并没有出人头地的强烈愿望。对你而言，工作或许不是你人生的重心。冬日在阳台上晒太阳，夏天在海边吹风;沸腾的球场上洒汗，空旷的房间里发呆，相信你同样会感受到幸福的所在。

（B）你的成功率非常高，你有很强的实力，而且不论做什么事情，都会全力以赴。但是成功的关键是得到上司的赏识，你如果

能够排除自己的杂念不断努力，一定会得到好的职位的。

（C）很不幸，你的事业成功率较低。我行我素是你的优点，同时也是你的缺点，严重影响到你的成功率。当然了，你本身也没有很强的事业欲望。

（D）你的事业成功率还不错，平均来说，你的提升速度和你的工作时间成正比上升，不过如果你能和周围的人加强合作，一定会大大提高你的成功率。

12

你善于应对意外情况吗?

有一天，以前的恋人突然成为你的同事，你会怎么办?

A. 自己辞职;

B. 无论如何要他辞职;

C. 装成什么都没发生过;

D. 再次约他出来见面。

★妙探心理★

（A）你很冲动，做事往往不计后果，乱冲乱撞，到最后总是以失败收场。建议你多听取别人的意见，可减少碰钉子的机会。

（B）你没耐性，以自我为中心，很少顾及别人的感受，尤其遇到难题时，你会依赖别人的帮助。这类人要小心，别人没有责任和义务帮你，这样的性格很容易把朋友激走。

（C）你是个深思熟虑的人，做事细心周密，遇到困难时处变不惊，不会让别人为你担心。

（D）你是一个凡事都会为他人着想的人，当遇到困难时，身边的朋友定能助你一臂之力。

13

从饮食习惯看一个人的性格

饮食习惯绝大部分是无意中或早在童年时期就已经形成的心态，所以从饮食中更能看出一个人的性格。你吃饭属于下面哪种呢?

A. 细嚼慢咽;

B. 边煮边吃;

C. 吃饭速度快;

D. 边走边吃；

E. 边看电视边吃饭；

F. 边吃边看书；

G. 站着吃；

H. 用手抓着吃。

★妙探心理★

（A）你喜欢体验咬、吸、嚼、尝、吞等感官所带来的乐趣，不过不一定要照这样的顺序。你不慌不忙地咀嚼每一口食物，为的是尽情享受食物的味道。你以缓慢而悠闲的步调过日子，享受着欢乐的时光。晚餐对你来说是个持续整晚的享受，所以世界上没有一个人能够催你赶快把饭吃完。

（B）你是一名妻子，一位母亲，一个牺牲自己的人。但愿你所服侍的人，感谢你为他们所做的一切。你从来没有机会坐下来和家人一块儿用餐，因为你要站在火热的炉边吃。让家人高兴是一件很重要的事，也是你活着的唯一目的。但你可曾听到过一句感谢之辞？一句也没听过。只有在你离开人世之后，才可能听到这类话。

（C）你做任何事都很快。这正是为什么你三口就把里头还夹了腌黄瓜的鲔鱼三明治吞到肚子里的原因。你几乎尝不出味道，因为遇上任何事，你都想立刻把它们做完。对你而言，人生只有目标，没有过程。你不记得如何开始，无法享受达到目的的喜悦，唯一关心的是尽快着手做下一件事。

（D）你在百忙中抓起一根热狗和一杯汽水，最后再吃一根雀巢巧克力棒当作甜点。虽然你让旁人觉得很忙碌，来去匆匆，事实上，你毫无纪律，决定仅凭一时冲动，结果经常和自己的兴趣相悖。由于你不善于分配自己的时间，因而替自己找了许多不必要的麻烦工作，和许多消化不良的机会。

（E）你不喜欢一个人吃饭，可是你也不想和别人聊天。传统习惯上，一般吃饭时间也正是一家人聚在一起，讨论一天所发生事情的时候。不过，在晚餐时间看电视，的确阻碍了大伙儿接触的机会，结果每个人就变得越来越孤独。因此，一家人唯一可以共同分享的感受，是那些伴随广告而来的话题。

（F）你需要不断补充食物才能思考。你心里有许多的梦想和计划，而你需要利用一切多余的时间去思考这一切。你的生产力高，做事符合经济效益，经常为了节省时间和精力而同时做两三件事。在你心中厨艺并不重要，因为你渴望的是各种创意，而不是乳酪汉堡。

（G）你还戴着帽子、穿着衣服，就站在开着门的冰箱前面吃东西。你很饿，需要立刻吃东西。你经常吃没煮过的东西，咖啡还没冲泡好就喝了。你的胃口奇佳，狼吞虎咽，只要你满足了，你就会是个温柔、体贴，甚至慷慨的人。

（H）随着快餐餐厅的增多，用手抓东西吃也越来越为大众所接受。不过，如果你将这个习惯用在吃马铃薯泥、豌豆、炒面上，那么你唯一能做的事，就是承认自己是一只动物。你对别人的感受

相当迟钝，即使别人抱怨，你也只是一边附和，一边又用手拿着果冻吃。

14

你对网络世界的敏感度有多高？

现在的教育，已经不再仅仅局限于课本上的知识，有不少教程是带小朋友去做文化巡礼或实践。你觉得下列哪一个地方最能带给孩子们直接深刻的学习体验？

A. 天文馆；

B. 博物馆；

C. 美术馆；

D. 自然博物馆。

★妙探心理★

（A）你在学习方面是个完全的实用主义者，你会很认真地去学习对你有帮助的东西。不过如果看起来没什么用处，那么你就不会有多大兴趣。可是纯粹凭着自己的判断，你也许会慢人家半拍，等到整体环境已经改变，你才意识到要加快脚步时，很可能已经赶不上风起云涌的网络狂潮了。

（B）你的好奇心很强，只要对某件事情感兴趣，就会穷追到底，找出其中的原理。所以你的学识渊博，但有些繁杂，让人搞不清楚你到底有什么专长。

（C）你自认为是个优雅的人，有自己的生活步调和独特的品位，不会随波逐流，所以当网络的热潮席卷而来时，你完全不为所动，甚至会有一点点要撇清的心态。可是，当你发现自己能从中得到需要的资讯，还是会愿意投入网络的，而且你也很清楚自己想要的是什么。

（D）不管大大小小的事务，你一定都要去了解，不然会觉得无所适从，由此看来你有比较严重的资讯焦虑症。所以当你看到电脑业开始风行，就想赶紧跟上潮流，走在时代的前端。你是最值得朋友信任的顾问，朋友们有什么不懂或是参加电视益智问答，问你马上就可以得到答案。

15

你在交友中会有什么态度?

女性为了更美,都喜欢戴首饰。颈部有表示女性自尊心的意味,所以项链特别受到青睐。你平时爱用哪一种项链?

A. 心形的项链;

B. 粗条的金项链;

C. 简单朴素的项链;

D. 好几条叠在一起的项链。

★妙探心理★

(A)你是文静型的人,不善于表达自己。在交友中,也很难主动出击,所以对你来说,找个可靠的男性比较重要。

(B)你对金钱和物质有很强的欲望。交友也会提出一些比较高的条件。你这种人的感情起伏比较厉害,一不如意,就会主动采取攻势。

(C)你不会轻易流露出自己的自尊心,是个贤惠的人。通常,有自己的收入,或对自己能力有自信的人,多戴朴素无华而高价的项链。

（D）你酷爱表现自己，却又始终认为周围的人对自己的魅力
没有什么兴趣。你极度希望被别人肯定，而偏偏在这方面又不容易
得到满足。

16

看看你在别人的心目中
是什么印象

你与一位好友在某咖啡店会面，分手后你发现好友遗忘了东
西，你会怎样处置？请选出与你的想法相近的选项。

A. 马上送到他家；

B. 邮寄给他；

C. 打通电话，请他到你处拿；

D. 暂时拿回家再考虑。

★妙探心理★

（A）你有超强的决断力，并且爱管闲事，显得有些神经质，处

处喜欢表现自己的优越感。对别人的事很热心，有时还会颇受欢迎。

（B）你是一个沉默的人，不会随便叫嚷，更不会拿自己的事当话题。因此，你在别人眼里，会有一些神秘感，有时会给人冷漠的印象，但值得信任。

（C）你经常和人一见如故，个性比较开朗，是许多人心目中的好好先生，但也有唯唯诺诺之嫌，甚至会令人觉得你是一个爱吹牛的人，让人感觉不可靠。

（D）你想象力很丰富，但经常不付诸行动，给人印象不够踏实，有什么要紧的事也不敢和你商量。不过大家都认为，其实你有实施自己想法的能力。

17

看看你有什么怪癖

又到母亲的生日，每年你都会购买最美丽的康乃馨送给妈妈。今年你也没例外，跑到花店选购鲜花，但发现有四间花店都有康乃馨，而且价钱也相同，唯一不同的是看铺人而已。你会到哪家花店购买康乃馨呢？

A. 温柔可爱的小姐所经营的店；

B. 老先生或老太太所经营的店；

C. 英俊男士所经营的店；

D. 抱小孩喂奶的年轻母亲所经营的店。

★妙探心理★

（A）你这个没心眼的人，个性开朗得像七月的明朗晴空，而且很好说话，不会和人斤斤计较，是最单纯的那一类，只是你的情绪变化大，和你一起要随时小心，尤其是你固执起来很吓人！

（B）你这个人可以说是已经洞察世间百态、修炼成精！成熟、有修养、处事圆滑且耐心十足，以至于你的人际网络四通八达、做事无往不利，因为，也许在某些人眼里，你是一只"老狐狸"。

（C）你个性很固执，强烈排斥不合理的事物，让初次接触你的人会对你看不顺眼，甚至会想把你揍一顿，但只要再深入了解一下你，你会让这些人马上改变对你的看法，认为你富有正义感，视你如知己。

（D）你既没耐心，疑心病又重，且个性火暴，就像个小孩一样。在你面前不能讲错话，否则你一定会胡思乱想，整天担心别人又在谈论你。不过，在你母亲面前，你可是出人意料的乖顺，像只小猫，听话又孝顺。

18

你的理财盲点在哪里？

出国旅行，购物是一项很重要的内容，尤其是跳蚤市场，不但价格有弹性，还可以淘到不少宝贝。你对下列哪一项物品最感兴趣？

A. 书画艺术品；

B. 手工织毯；

C. 古董相机；

D. 古银首饰。

★妙探心理★

（A）你有一点不切实际，做什么都是为了完成梦想，一点儿都没有做现实的考虑。对于理财，你也觉得十分头痛，不知该怎么开始做起，也不愿意卷入到股票游戏中，终日对着数字屏幕发呆。所以你就这么拖着，虽然知道要留意相关消息，但还是很被动。这其实是一种逃避，也不是不可解决，最好能够找个可信赖的人，帮你打点这一切，那是最理想的状况。

（B）你耳根子软，对人毫无防备之心。如果有人向你推销，你会照单全收，所以每次出门你会令家人为你提心吊胆，生怕你又做出败家的行为。因为你的消费完全感性，支出的数目有高有低，最好还是先做预算，控制自己的花费，才可能挽救你的财政赤字情况。

（C）你对于钱财的运用没有什么观念，对于开源和节流，你宁可只做前者。认为花钱就是要让自己开心的你，自然不愿意委屈自己。吃好的，住好的，用好的，每一件物品你都觉得花得很值得。所以你可以试着去投资，因为品位很不错，能够选到可以增值的物品，那么你的收藏癖好，就不再只是让你花大钱，还能有一点回收价值。

（D）你很重视钱财，认为财富是需要一点一滴积累起来的，不可小视。虽然你从各方面都省下一些钱，为数也很可观，可是这样的速度还是慢，而且趋于保守，没办法有效率地管理钱财。如果有一笔暂时不需动用的存款，试着去做一些投资，结果一定会让你满意。

19

看看什么工作最适合你

今天，你与三四个好友参加某个娱乐综艺性节目，你胜出并可进入十秒礼品任意搬的环节。眼前一大堆东西你都很想搬，但你会首先冲向哪一类呢？

A. 家用电器；

B. 名牌服饰；

C. 虽小但贵重的饰品，如钻饰、金表等。

★妙探心理★

（A）你适合安定、平稳的工作，很注重家庭生活，虽然工作有点沉闷，但看在钱的份上，继续坚持一下啦！

（B）你最适合传媒方向的工作！扮靓是你最大的爱好，如果能成为公众人物，就可以有很多条理由扮靓啦！

（C）你的交际手腕高明，与人相处面面俱到，从商、顾问或公关的工作最能令你发挥所长，继而成就非凡！

20

从乘公车的动作看你的性格

从一个人乘公车时的动作，有时也能看出一个人的性格特征。你还记得自己独自一人搭乘公车时有什么小动作吗？

A. 自娱自乐地听随身听；

B. 呼呼大睡；

C. 看着窗外发呆；

D. 看随身携带的书或工作资料。

★妙探心理★

（A）你是一个表面上不太容易让人靠近的人，很多人都会认为你是冷面公子或者冷面美人。其实，你只不过是外冷内热而已，不太喜欢主动和人交往接近。但在你的内心里，仍然是一幅火热的心肠。如果是和你相熟的朋友在一起，他们就会发现你勃发的热情。

（B）你是朋友眼中的开心果，非常率真、坦诚，表现得开朗大方。不过，这可能只是你外在的表现而已。但你能安定自己的情绪，即使内心刚刚痛苦过，你也认为在朋友面前还是应当给他们一幅挺快乐的面孔。其实，这样做大家开心，你或许也能开心，何乐而不为呢？

（C）你是万金油，和谁都能谈得来，和谁都会交朋友。不过，很多时候可能也只是表面上的朋友，你并不会和他们谈自己的心事。因此，很多交往很久的朋友同样也不了解你的内心。

（D）你恪守"沉默是金"的箴言，在众人面前总是一幅平静的面孔，因此常常被人忽视。但是在知心的朋友面前，你仍然会表现出活跃的架势。

第三章

哈佛助你——抓住真相
破解身体密码

1

看看你对异性有没有吸引力

你来到传说中的许愿池。听说在这里许下的任何愿望都能实现，你觉得自己在许愿池前第一眼看到的会是什么？

A. 天鹅；

B. 荷花；

C. 浮萍；

D. 平静如镜的湖面。

★妙探心理★

（A）你对自己的外貌和魅力相当有信心，对异性也有绝对的吸引力，总是在不知不觉中引起异性的注意，更懂得在适当的时机放电。经过你身边的人，总是会回头多看你几眼。

（B）你就像沉静优雅的粉荷，看起来有些冷峻孤傲，一直都在等待，从来不会主动向别人示好。相信只有真正懂你的人才能了解你的优点，但偏偏就有人会疯狂爱上你这一点。

（C）你喜欢去爱别人，只专注于眼前的目标，不会特意修饰自己，压根儿就没想过要去吸引对方，总是化被动为主动，去追求更有吸引力的人和物。

（D）你的心情十分矛盾，一方面因不确定别人如何看待自己而显得有点保守害怕；另一方面又认为没人欣赏你的好，然后又将自卑情绪转为自恋自满的防卫意识。

2

你在待人方面需要注意什么

几乎每个人小时候都听过"灰姑娘"的童话故事，下面几段情节中，你对哪一段印象最深？

A. 仙女施魔法，让灰姑娘立刻换上漂亮的新衣；

B. 灰姑娘乘坐南瓜车前往皇宫；

C. 舞会中灰姑娘与王子翩翩起舞；

D. 灰姑娘试穿水晶鞋，刚好合适。

★妙探心理★

（A）你习惯用金钱来达到自己的目的，比如你总是穿戴名牌，吸引大家的注意；你会请朋友到高档餐厅用餐，让大家喜欢在你的身边。虽然金钱攻势的效果不错，却不是长久之计，多充实自己才是最重要的。

（B）你人缘很不错，在朋友眼中，你是一个开朗的人，平时也很热心助人。个性上的弱点是容易生气和有权力欲望，可能动不动就会和别人发生冲突，让大家对你的好印象毁于一旦，以后应该多注意。

（C）你很在意自己在别人心中的形象，经常会不知不觉地表现自己，也可以说你比较爱出风头，别人可能会觉得你的表现欲过强，而不想和你在一起，你应该留意自己的行为举止和待人方法。

（D）你喜欢和别人沟通分享，不过有时候会过于急躁，让别人觉得你有自作多情的倾向，建议你凡事要公平理智、恰到好处地去处理，要多站在别人的立场想一想，因为你以为好的，别人不一定这么认为。

3

你的爱情会出现在什么地方呢?

假如你写了一首歌,其中有一句"幸福的恋情是……",你会如何继续填写呢?

A. 温柔如水的;

B. 灿烂夺目的;

C. 夏天的味道;

D. 欢聚在一起的时候。

★妙探心理★

(A)你的爱情可能出现在你平时活动的地方。具体来说,回家的路上、学校或是你常去的店铺等,都很可能上演一场浪漫邂逅。在那种场合,你比较放松,可以在异性面前表现出你的优点和魅力。

(B)对你而言,浪漫的邂逅多半发生在令你怀念的场所。试着到以前的母校附近或者曾经住过的城镇去走一走,拜访一下老同学,说不定会有意外的惊喜。

（C）你的恋情多半发生在不是平时经常活动的场所，或许你曾有过到一个地方旅行时与陌生人发生恋情的经验。你在海边、游乐场所、露营地等假日的休闲场所，比较容易找到另一半，如果你现在还没有男朋友或女朋友的话，赶紧想办法去扩大你的活动范围吧。

（D）只要有一堆人聚集的地方，就是你最容易找到爱情的地方。如果你受到邀请去参加舞会或者聚会，一定不能错过哟。另外，和朋友一起办联谊派对会比较有成功的希望。

4

看暴力离你有多远

深夜，你从噩梦中惊醒，慌忙打开台灯的开关，突然发现停电了。这时，你最害怕的是下列哪一种情形?

A. "吱"的一声，卧室的门莫名其妙地自动开了;

B. 走廊里突然传来一阵沉重的脚步声;

C. 朦胧的夜色下，一个黑影在窗外一闪而过;

D. 沉沉的暗夜中，隐隐约约听见有人在墙角啜泣。

★妙探心理★

（A）一般而言，你的家中出现暴力的可能性很小。你是个理智的人，所以你的愤怒多半是因为实在无法忍受了。但是，你绝不会用武力来解决，动粗对你来说是极端野蛮的不文明行为，因此你反对婚姻中的暴力行为，主张以和平的方式解决家庭问题，设法和对方沟通。不过，你绝对不会受窝囊气，一旦有人试图对你施暴，你一定会大发雷霆。

（B）你很难控制自己的情绪，有严重的暴力倾向，你的心情总是容易随着环境或是身边的人或事物大起大落，连自己都无法捉摸。你经常为了自己的一时之快，不顾对方的感受。你的个性很容易让情人对你望而生畏，敬而远之。你把暴力看得太简单了，甚至认为这只不过是做丈夫或妻子的正常举动，对方不应该太在意。但是，你绝对要记住，到了对方忍无可忍时，你们的婚姻就会陷入瓦解的危险境地。如果你觉得自己的状况很严重，记得一定要寻找专业的心理医师来协助处理。

（C）你对暴力可以说是深恶痛绝，对生活中的暴力行为常怀有一种恐惧感。你处处与人为善，碰到不合理的事情发生时，也多半是自己承受，泪水往肚子里吞，或者是干脆就不和这种人打交道。你非常自卑，不信任任何人，不喜欢向别人表达自己的感受，即使对你所爱的人也是一样。太过软弱除了让人欺负，也让自己的压力越来越大。忍受不是解决问题的办法，适当地舒解和发泄你的不满和愤怒，这样你的人格才能得到健全地发展。如果你想早点结

束心中的恐惧感，就一定要试着把话讲出来。

（D）你的潜意识里有渴望暴力的倾向。也许你曾经在家庭中受到太多的压抑，也许对方经常对你无理取闹，总之，你认为暴力是解决问题的途径之一。你很重感情，做事也很执着，更容易钻牛角尖，有时会把暴力作为发泄苦闷的方式，只要另一半稍不合你的意，或是做出背叛你的事情来，你便被情感淹没了理智，歇斯底里地做出自己都不相信的事情来，但很快就会后悔，下决心不再重犯。其实这样只会给夫妻双方留下更多的情感困扰。

5

你在团体中扮演什么角色？

有一天在路上，你遇到分别很久的旧情人，你们相约到附近的酒吧去坐坐，除了聊聊目前的生活之外，不免会谈起以前的时光。这时，你最怕旧情人提起什么？

A. 分手时的感觉；

B. 初次相识的甜蜜回忆；

C. 有一次出国游玩的经历；

D. 当初介入你们之间的第三者。

★妙探心理★

（A）你在团体中是一个帮大家做事的角色，你是个随遇而安、无欲无求的人，你的人生哲学是"平生无大志，只求有饭吃"。你完全没有名利之心，觉得照顾好自己最实在。

（B）你在小团体里往往是个领导，一旦人多了关系复杂了，你就会掌控不了局面，甚至会招来部分人的抱怨。"宁为鸡首，不为牛后"这句古话应该最能说明你的领导能力了。

（C）你是天生的领导者，有指挥群众的天分和魅力。你并不会刻意表现出自己的野心和企图，但是大家自然就会找你解决问题，喜欢和你在一起，可能就是你有一股王者的风范吧。

（D）你有领导的才能，可惜的是，你并没有领导的气度。想要一群人对你服从可不是有才华就可以的，你必须懂得唯才是用，能屈能伸，善用智谋，只有勇气和冲劲远远是不够的。

6

窥视隐藏在你内心的世界

假想你头脑中的原始森林，直觉上那是一片什么样的森林？

A. 看不到太阳的茂密黑森林；

B. 充满丛林野兽的原始森林；

C. 鸟语花香、自然甜美的绿森林；

D. 树木耸立、阳光充足的原始森林。

★妙探心理★

（A）你看事物的态度比较消极，看待问题的角度也有点悲观。其实想一想，地球的确无法永远绕着你转，世界上的事情也总是不太如意，但是泰戈尔不是说"如果错过太阳时，你流了泪，那么你也将错过群星"？想开点对你会有益的。

（B）你也许对繁忙纷扰的生活已经感到厌倦了，期待一些放荡不羁的浪漫。给自己寻找一个想去的地方，安排一次假期，对你会有很大的帮助。

（C）你是个开朗乐观的人，什么事都会以轻松简单的方式面对。一直保持这样的心态，微笑着面对生活吧！

（D）你非常单纯，对于周边生活中发生的点点滴滴，都能以直率坦诚的态度去面对，但偶尔会因心直口快而不小心得罪人，人际关系方面应该多留心。

7

这辈子你会遇到几个爱你的人?

如果你有男朋友或女朋友了,你觉得下面哪件事会是你们最喜欢做的呢?

A. 一起到沙滩散步;

B. 一起逛街买东西;

C. 一起聊天或是看电影;

D. 一起到咖啡厅喝咖啡。

★妙探心理★

(A)你会遇到两次以下的恋情。你是个很重感情的人,也很珍惜目前双方的感觉,所以你不会主动背叛,如果不出意外,这辈子就能相偕到老,厮守终生。只是你有点死心眼,不能承受情人的背叛,一旦对方对不起你,你就可能去放纵自己,甚至可能因此轻生寻短见。

(B)你会遇到可能连自己都数不清的恋情。你很随性,也喜欢结交不同的异性朋友,觉得顺眼了就在一起,不顺眼了就分开,所以你总是换来换去,却没有一段感情是让你真正有印象的。也许

随着年纪的增大，或是婚姻的承诺和束缚，你可能会收起那些放荡不羁的轻狂行为。

（C）你遇到的恋情至少在5次以上。你习惯定义爱情，也喜欢对另一半颐指气使，不肯真正用心去关心对方，只有失去之后你才能恍然大悟，想要好好珍惜，对方却不再给你任何机会。有一次经验学一次乖，一般来说经过5次恋情的考验后，你就知道如何掌控异性的情绪。

（D）你会遇到的恋情是3～5次。你不习惯跟异性聊天谈心，即使有了对象也一样，你的想法让人捉摸不定，以至于对方始终不能在你身上找到安全感。所以你们之间总是有接连不断的误会，但你也懒得去解释，即便你心里再怎么不愿意，也只能眼睁睁看着对方离去。你的恋情都很长，却不容易妥善维持。

8

从落水的钥匙看你是个什么样的人

一把钥匙掉落在水池附近。请运用个人的想象力，猜想它是由下列哪种材料制成的。不要思考，直接选一种答案。

A. 铁；

B. 金；

C. 银；

D. 木；

E. 铜。

★妙探心理★

（A）你是一个非常现实的人，总是用常人的思维方式来思考和处理问题，不会惹是生非，和周围的同事相处得也很和谐。但现在的你可能正处于人生的低潮。

（B）你现在的事业心很旺盛，在你的周围也充满着意外的机会，可以帮你实现梦想得到收获，而且新奇的事物也会接连不断带给你好运。

（C）你善于运用智慧来找出问题的解决方案，通常你对问题仔细思考后，就会马上作出反应。你在接受对方的意见时非常谨慎，因此面对对方的求婚或是向对方示爱，目前是最适当的时机。此外，你的财运也非常旺盛，有致富的可能性。

（D）你的内心似乎暗藏着对现实生活的不满，或者是觉得非常疲倦；感觉做任何事都比较麻烦，缺乏尝试新事物的冲劲。现在的你正渴望依附在强人身上。

（E）你能力突出，非常有自信，可以利落地处理事情。但是

面对讨厌的东西时，即使是上司或长辈的叮咛、命令也都丝毫不放在心上，因为你认为自己的想法才是最主要的。目前正是你放手一搏，尝试新事物的最好时机。

9

看你创业的时机是否来到

正酣然入睡的你忽然被手机铃声惊醒，你会作何反应呢?

A. 拒接;

B. 立即接通;

C. 不理睬继续睡;

D. 看电话号码后再决定。

★妙探心理★

（A）你对名利看得很淡，对自己的生活现状比较满意，对未来的憧憬是"过了今天再说"的心态，但忙碌的你却不会因为错过而失去发财的机会。

（B）你敏感的反应正说明了你"求机若渴"的心态，开创事业的机遇也随之而来，并且来得很突然，让你有些摸不着头脑。抓住机遇迎接挑战吧，但一定要记住具体问题具体分析，适时而动。

（C）看来你确实太累了，一直在为事业奔波劳累的你经受了太多的失败，导致你已经对未来失去了信心。调整心态，重新开始吧，在你重振旗鼓后不久，真正适合你的创业时机就会到来。

（D）你身上有典型的生意人特征，处事不惊，能够适时而动，善于把握有利时机。你的沉稳总会让你在失意中发现机遇，并且还会有人大力扶持你，记住：失败时不要气馁，成功就快到来！

10

在别人眼中你有多现实

如果现在死神要你死，以下三种死亡方式你会选择哪一种？

A. 游泳被淹死；

B. 飞机失事摔死；

C. 掉下悬崖摔死。

★妙探心理★

（A）你是蛮现实的一个人，除了家人的事之外，你都会客观理性地分析，对自己有好处的事才会去做。你总是以家人为重，常常会忘了自己，因此花钱时很节省，可是只要是家人提出的任何花费都无所谓。

（B）你这种类型的人心肠很软，耳根子更软，只要有人在你面前装可怜，就可以激起你的恻隐之心，会义无反顾地帮人到底。

（C）你是一个非常现实的人，饱经历练的你已经学会先把自己顾好再作其他打算。你这种类型的人在人生的道路上跌跌撞撞，看尽了现实生活中残忍的事情，因此领悟到"人不能太天真，要先把自己顾好，之后有能力再去照顾别人"的道理。

11
了解下·你该提防什么人

如果有机会让你当一个作家，你会选择成为哪类作家呢？

A. 以唯美的文字闻名的散文诗词类作家；

B. 以言辞辛辣独到而著名的撰写评论、杂文的作家；

C. 创作类似《哈利·波特》那样轰动世界的畅销小说作家；

D. 以才貌双全出名的"美女作家"，个人曝光率远高于作品曝光率。

★妙探心理★

（A）你千万要小心那些第一眼看起来"天真无邪"、说话嗲声嗲气的小女人。心地单纯的你很容易把这类假装清纯的女人当作"自己人"，对她们无话不谈，知无不言。但其实她们和你是完全不同的两类人，当出现利益冲突的时候，她们第一个想到的就是牺牲掉你。由于对你的了解，她们想要陷害你简直易如反掌。

（B）你愤世嫉俗又充满责任感，看到那些行为放纵嚣张的小女生会很不顺眼，同时她们也看你不顺眼。宁愿得罪君子也不要得罪小人，不要招惹她们，她们这种做事不考虑后果的人说不定会给你制造多大麻烦呢！

（C）建议你最好还是和头脑精明的女人保持一定距离，你自己毫无心机，很容易被一些"精明"女人笼络。一方面她们觉得需要你这样看起来不太聪明的人给她们当绿叶，另一方面她们也需要你这样不太有戒心的人做她们的备份。遇见这类"朋友"时要多观察身边的人对她的看法和评价。除非你对对方的性格非常了解，或者她真的是人见人夸的超级大好人，否则最好绕道而行。

（D）选择这个选项的朋友通常是两种情况：一是自信满满的大美女，那么另一位性感美女的出现无论是对你还是对她，你们都

是双方的劲敌，不是你死就是我活；另一种情况就是你对自己的外形很自卑，一遇到美女，就完全丧失信心，做什么事都觉得很不顺心。不管你属于哪种，都还是离美女们远一点吧。

12

测测你的人生价值观

当你年老时，以下三个场景哪个最令你向往？

A. 与老伴依偎做伴；

B. 与儿孙户外郊游；

C. 闲来没事打打高尔夫球。

★妙探心理★

（A）你属于快乐指向型，你的人生目标是拥有更多的体验，你总是在吃喝玩乐中寻找人生的乐趣。你的价值观与其说是受物质支配，倒不如说是由"量"支配。

（B）对你来说精神方面的满足所带来的喜悦远远超过将自己的能力表现出来实现自己的目标所带来的喜悦。你重视爱情与友谊，很重视与人的相处。因为追求闲适安静的生活方式，所以你也很享受家庭生活带来的幸福感。

（C）你倾向于对外表现自己，以满足自己的能力或支配欲。男性中有很多属于这种类型，他们以满足工作、利益、荣誉为目标。

13

现在是该结婚的时候吗？

跟男友约会时，一时兴起买了彩票，居然中了五百万，你会如何处理？

A. 跟男友一起挥霍掉；

B. 把钱全部给男友；

C. 闷不吭声一个人独占；

D. 一半存起来，一半自己用。

★妙探心理★

（A）可以看出你现在十分渴望婚姻，如果可以的话，你立刻结婚也没问题。因为你的准备工作都已完成，你早就打听好哪家喜

饼好吃、哪家婚纱棒、哪家饭店有折扣。只不过这样容易给另一半造成不小的压力，最好彼此多沟通，这样会比较好。

（B）现在的你觉得结婚是件离你很遥远的事，不管目前的状况如何，你都觉得现在谈结婚太早。可能是你交往的对象不能让你有托付终身的信心，也可能是现在的他根本让你不敢指望有未来。总之，你会暂时维持现状一阵子，然后再慢慢思考其他的可能性。

（C）目前你觉得自己该结婚了，只不过你可能对另一半还不是十分满意，所以才会选择一个人独占所有的钱。你的如意算盘是骑驴找马、走一步算一步，如果有更好的对象就把男友给甩了，如果没有新发展，便会乖乖地与原来的他结婚。

（D）你有点瞧不起婚姻，根本不想走进这个"交友坟墓"。目前的你很喜欢单身、自由自在的生活，这让你舍不得就此放弃。不过好男人很容易被抢走，如果不是坚定的单身主义者，该把握的时候还是要把握，不然到最后很可能会留下遗憾。

14

你的友情辐射力有多强？

你认为以下物品中哪个比较有趣？

A. 智力拼图；

B. 望远镜；

C. 万花筒；

D. 魔方。

★妙探心理★

（A）你的个性独特、魅力十足，天生就是个人气王，对流行的东西有独到的见解，无论走到哪里都是大家关注的焦点，总是话题不断，给大家带来很多欢乐。

（B）开朗健谈的你是人见人爱的女生，活泼又不失优雅，热爱一切和美有关的事物，特别喜欢和同性朋友一起探讨潮流资讯。

（C）你个性外向，充满阳光的气息，音乐、运动等都是你的兴趣所在，因此，你比一般女生有更多结识朋友的机会。

（D）在别人眼中你有点神秘，想法多变，有时候爱躲在房间里听音乐、看碟片，有时候又爱凑热闹，邀约一帮姐妹尽情玩耍。

15

她对你是否三心二意？

在公车上，她前方座位上的男性突然向她问候。这时她会有什么反应？

A. 装作没看见；

B. 等待对方说更多的话；

C. 和他寒暄起来；

D. 虽然知道对方是陌生人，但仍礼貌地回礼。

★妙探心理★

（A）在她心里只对你一个人着迷，只想要你来陪伴她，其他的男性，她一点都不在乎。站在她的立场，她无法了解和很多情人交往的女性是什么样的心情，所以，你不必顾虑，只要全心全意对待可爱的她就行了。

（B）她是交友妄想激烈的人，行动看上去很消极，即使被其他男性吸引也不会表现出来，只感到欲求得不到满足，这类女性应该是专情的，但要预防她可能会突然投入别人的怀抱。

（C）这样的女性会把男性按目的分开利用，同时也擅长让男性接受她的方法，所以习惯和许多男人在一起，而且她认为情人越多越好，她只要听到甜言蜜语，马上就跟着走了。如果你并不在乎这些，就彻底扮演对她体贴的情人角色吧！

（D）站在你的角度看，她是个八面玲珑的女性，其实她只是很喜欢和朋友在一起的感觉，她又是那样的心地善良，不会对他人冷淡，所以你不必担心，也不必追究她有没有其他男友。基本上她就好像被你饲养的猫一样，即使离开，也会马上回到你的身边。但她的缺点是情绪变化大。

16

你的潜意识中缺乏什么？

如果头戴草帽的女巫师忽然出现在你面前，说："为了奖励你的勤恳和努力，伟大的神决定赐给你一种超能力，你想要哪一种？"听完这段话，你会怎么回答这个女巫师呢？你所选择的能力就是潜意识中自己最缺乏的。

A. 瞬间移动；

B. 透视能力；

C. 意念控制力；

D. 自由飞翔；

E. 预知能力。

★妙探心理★

（A）你的潜意识中缺乏的是体力。你应该多注意自己的身体，可能有一些疾病将要或正在困扰你，如果你的预感很准的话，就赶紧去看看吧。

（B）你的潜意识中缺乏人际交往的应对能力。可能你总是被一些阴险、烦琐的人际关系遮住了眼睛，总看不透人类险恶的一面，所以就想借一双慧眼，让你看个清清楚楚、明明白白、真真切切。

（C）你的潜意识中缺乏毅力、耐性。其实你想拥有这种能力之后最想控制的就是自己。也许你成功的最大阻力就是你缺乏坚强的耐性和意志力。

（D）你的潜意识中缺乏翻云覆雨的魄力。你离成功的距离并不远，只是你还没有看到成功的大门就在你眼前，你内心深处对于成功的渴望反而让你产生一种恐惧。即使你已经攀到了最高峰，可你还是会问自己：我真的成功了吗？不过你的谨慎也是一般人没有的。

（E）你的潜意识中缺乏经济能力。你是不是想知道下一期的大奖号码是多少啊？你可能在金钱上出现了一点问题，所以想找一条清晰的捷径来摆脱目前的困境。

17

打工还是自己做老板？

你的公司在一座八层楼的大厦里，你希望自己的工作地点在哪一层？

A. 一层或二层；

B. 三层或四层；

C. 五层或六层；

D. 七层或八层。

★妙探心理★

（A）你的创业意识较强烈，能脚踏实地，是个务实的创业者，但遇到问题时有时过于犹豫，往往会失去好的发展机会。

（B）你很务实，有很强的思考能力，是非常精干的创业者，只是过于机敏反而容易错失良机。

（C）你能够抓住时机迎头而上，具备超强的市场洞察力，并且能够听从他人的意见，是个非常有潜质的创业者。

（D）你具有不服输的性格，具有力压群雄之势，有竞争力，对自己创业充满信心，但要避免出现急于求成的心态。

18

在别人眼里，你是什么样的人？

下面五个选项的树木是五种不同的状态，代表着五种不同的心理，选出你认为最美的一种状态。

A. 干枯的树枝；

B. 雪地里的松树；

C. 茂密的矮灌木；

D. 高耸入云的大树；

E. 狂风暴雨中的树。

★妙探心理★

（A）你给别人的第一印象是多愁善感。你属于很另类的人，很容易产生失望的情绪，想法也总和别人不一样，你很适合做一些创意性的工作。在交际中，你没有太多的朋友，是个脱离群体的人。

（B）在别人眼里，你充满激情和浪漫，这种激情和浪漫是从你的潜意识里发出的。即使你身在孤独的荒漠中，你仍然能自得其乐，你对爱情持一种期望心态，但不会太强求。

（C）你很从容而且很坚定，你的道德观念比你的欲望要坚强得多，所以你的言行举止总是非常规矩。在这个社会关系日益复杂的今天，你常常有一种不安的感觉，你对别人放肆的言行总是感到惊恐。

（D）你向往那种晴朗的天空，可能你现在正处在一种混乱的状态，可能是生活上的，也可能是感情上的，不管是哪一种，只要能走出这一段艰难的过程，你一定会看到你所期望的万里晴空。

（E）现实生活中的你，脾气很暴躁，人际关系不怎么好，很容易和邻居发生冲突。同时，你还属于那种愤世嫉俗的人，对什么事情都看不惯，对什么事情都想大发议论。赶紧改变你这种性格吧！否则的话，没有人能受得了你整天这样，你的朋友会一个个地离你而去，到时候你后悔就来不及了。

19

你能否得到上司的重视？

假如你可以隐身，可以自由穿梭，没有人能知道你在做什么，那么你最想做什么？

A. 接近爱慕的人；

B. 偷窃贵重的物品；

C. 四处破坏，做一些变态的坏事；

D. 搞些无伤大雅的恶作剧。

★妙探心理★

（A）你可能有点贪吃，不过，只在可以理解的范围内，你才会动口动手。日常工作中，你会控制自己的欲望，就算受到了不平等对待，你还是会忍让一下。对于上司，你比较尊重对方的威信。你等待公理的出现，相信只要努力，总会实现自己的价值。

（B）你的野心很大，想要得到很多东西，无论是权力还是利益，你都不愿意放过。这些企图也被上司看在眼里，不过，只要你有能力，老板自然不会亏待你，但你首先要创造出个人的优势，尽力去表现，才有资本和别人谈判。可是你不能过于自满，如果遇到不会惜才的老板，可能会想办法消消你的锐气。

（C）你的自我意识能力比较强，不愿意受任何委屈，如果遇到什么不好的对待，你会马上哭诉不满。不过，你看人很有方法，你会先看上司属于哪种角色，才会决定怎么做。有时你最好先闭上嘴，做出一些好的成绩来，然后在适当的时机，为自己谋取应该得到的利益。

（D）你看起来是个世外高人，办公室里的钩心斗角你永远不会参与，因为你志不在此。你不喜欢太复杂的人事斗争，每当内外有纷争时，你总是置身事外，你担心自己会卷入争权夺利的旋涡中，你宁愿守着自己的工作，做个安分的小职员。至于能否升职，就要看你的上司有没有看人的眼光了。

20

你以后会发财吗？

对着镜子皱一下眉，让两条眉毛向中间靠近。这样在你的两眼之间会出现几条皱纹？

A. 有三条竖纹；

B. 有两条竖纹；

C. 有一条明显的竖纹；

D. 有四条以上的竖纹。

★妙探心理★

（A）你对金钱有些随心所欲，不会被金钱左右。

（B）你十分会用钱，善于动脑，有较强的分析判断能力，只要稍微花点心思就会有不错的收益。

（C）你对金钱很执着，甚至有点吝啬，看起来很周密，却没有投资的天赋。最关键的原因是你看不到投资环境的整体形势。

（D）你是个劳苦命，拼命挣钱，却难得心情轻松。

第四章

哈佛助你——看透理性能力的艺术

1

你容易说什么样的谎言？

假设你在散步途中，发现一家画廊，并走了进去。请试着想象以下场景：打开画廊大门，你看到正面挂了一幅著名人物的中年画像。那幅画是一幅立体画，按照角度的不同，画会显现出不同的样子。当你试着从侧面看这幅画的时候，画应该是什么样子呢？

A. 变成长发美少年；

B. 变成摇滚歌手；

C. 变成白发老人。

★妙探心理★

（A）认为中年男性变成美少年的人，在性格上有些歇斯底里，这种人有极强的表现欲望，常有"要表现得比真正的自己好"的欲望，非常渴望成为众人的焦点，因此经常说出一些粉饰真实自我的谎话，借此来渲染、吹嘘自己。

（B）认为变成摇滚歌手的人，这样的人很有幽默感，经常给人意外的惊喜。个性中有喜欢戏弄别人的因子，可以说属于骗子型，你可能会将谎言当作是生活的润滑剂，因而常会把快乐带给周围的人，可是一旦朝坏的方面发展时，又容易工于心计，蓄意骗人。这种类型的人要注意聪明反被聪明误。

（C）认为变成老人的人，心中常有不安全感，总觉得会发生什么对自己不好的事，这种类型的人，常常会说出些假理由来掩饰自己的过错，比如说看到或者是工作上有了过失时，"实在是因为某某亲戚发生了某某不幸的事件……"很自然说出一些掩饰的理由。这种人无论是工作还是其他方面，往往是还没有开始，就事先找到万一失败的借口和理由。

2

你容易被欺骗吗？

有一天，你和朋友们出去游玩，走到一处森林，朋友们和你走散了。你在森林里迷了路，眼看天色越来越暗，你着急走出森林，这个时候，你的面前出现了四种动物，它们分别告诉了你一个方向，说那就是出去的方向，你会选择相信谁的话？

A. 鹦鹉；

B. 大熊；

C. 猫头鹰；

D. 长颈鹿。

★妙探心理★

（A）你对任何事情都有很强的警觉性和警惕心，你觉得这个世界上有很多不确定的因素，你虽然不是一个彻头彻尾的怀疑论者，但你也绝不会轻易地相信任何人。你虽然不是很容易受骗，但也不是完全与被骗绝缘，你会因为疑神疑鬼而让骗子有机可乘，他们会利用你担心受骗的心理，设局骗你，所以，一般来说，能够骗到你就是专门想要骗你钱财的骗子。

（B）你是一个老实憨厚、容易认死理的人，你只相信自己亲眼看到的。你这样的人最容易上当受骗，尤其是受到朋友的欺骗。如果一个人对你十分热情和友好，那么你就会掏心窝地对待他，即使他欺骗你，你也不会有所察觉。甚至别人告诉你，你被骗了，你也不会相信。

（C）你虽然表面上看起来十分威严，似乎是个很有权威的人，并且看起来唯我独尊的样子，但你耳根子软，很容易受到蛊惑。如果想要欺骗你的人对你说一些好听话，或者说中你的软肋，那么你立马就会屈服。欺骗你的人一般都是有求于你的人。

（D）你虽然看起来十分精明，貌似很有头脑的样子，但你内心其实很优柔寡断，经常拿不定主意。你会因为无法对一件事情下判断而苦恼不已，如果这个时候有人帮你下定决心，那么你就会十分感激，而你也会被人趁这个空当给欺骗了。能够欺骗你的人，通常都是和你有合作关系的人，他们并不是你的朋友。

3

你的性格可能发生大的转变吗？

如果有机会让你到乡村体验生活，那么你最喜欢一天中的哪个时段？

A. 清晨；

B. 中午；

C. 傍晚；

D. 深夜。

★妙探心理★

（A）不能说你没有发生性格大转变的可能，但是你确实比较喜欢也一直很享受现在的生活状态，除非这个转变是迫不得已的，或是可能让自己更快乐的，否则你宁愿压抑着性格过日子，也不要什么大转变。

（B）表面上看来，你的情绪大多处于平静无波的状态，但其实并非如此，也不管你是不是清楚自己心里真正的想法，总之你很有可能在遇到人生重大事件时，性格上发生大的转变，你最好平时就做好心理准备。

（C）你讨厌没有创意、没有新鲜感的生活，因此你随时都在酝酿转变的时机，期待因为转变而为自己带来不同的生活，就像一心想要赢钱的赌徒，所有筹码在身，只看何时出手了。

（D）你性格大转变的概率还真是微乎其微，因为"稳定"是你一生赖以生存的中心思想，你一点都不希望有任何的改变，即使这个改变可能使你的状况大好，你仍会因为没有安全感而选择放弃。

4

你是心口不一的闷骚人吗？

你最近认识了一位异性，感觉很不错，约会的次数就频繁了，虽然还没有到双方家长见面的地步，但是在你的心中早就认定对方就是今生的伴侣。请问，你是怎么认识对方的呢？

A. 公司同事；

B. 朋友介绍；

C. 工作场合；

D. 长辈安排。

★妙探心理★

（A）你心口不一的毛病来自对自己的信心不足，以至于要用很多的说法、理由和借口来掩饰或狡辩，这是件很辛苦的事，其实你对这样的情形也心知肚明，但在没摆脱自卑感之前，恐怕很难改变现状。

（B）你为人正直，是心口如一的人，讨厌对别人说谎，也不喜欢被别人欺骗的感觉，所以一直严守着诚实坦白的原则，即使有些话说出来可能会损害自己的利益，但你仍选择实话实说。

（C）你很有正义感，强调公平，厌恶玩弄两面策略的手法，可是人不为己天诛地灭，你也不例外，所以一向直率的你，偶尔也可能因为某种不得已的原因而心口不一，不过这样的情况是很少的。

（D）你很痛恨别人对你不诚实，但也不能完全以身作则地对别人展现诚意，有时是为了私利、有时是为了争权、有时是为了平衡嫉妒之心而口是心非，总之，你并不是一个心胸坦荡、光明磊落的人。

5

你能成为超人气的焦点吗？

你为了不断吸收最新的天文、科学知识，花费了不少钱财，身边的人都觉得不可思议。请问你到目前为止总共花了多少钱？

A. 五万以下；

B. 五万到十万；

C. 十万到二十万；

D. 二十万以上。

★妙探心理★

（A）你喜欢用低调的姿态来面对生活，不吵不闹、不烦不躁，至于自己是不是有条件成为大家眼中的焦点，你一点也不关心，只有躲在自己能够掌控的世界里，才会让你有舒服和安心的感觉。

（B）你有成为超人气焦点的条件，因为你能言善辩、反应敏捷、非常熟悉社交手法的运用，但是你却不想这么做，除非是自己喜欢的人，至于那些烦人的、虚伪的团体游戏，并不是你的生活目标。

（C）其实你在大家眼里是一个很有魅力的人，可能只是你自己没意识到。你总是在人家的赞美声中选择逃跑，刻意回避别人对你的肯定，你的魅力就在于不经意间散发的自信，非常迷人。

（D）你绝对是超人气的焦点，因为你是天生的演员，举手投足之间都会让人印象深刻，有时让人发笑，有时让人动容，大家一下子就会被你的表现深深吸引，想不成为焦点都难。

6

你有被害妄想症吗？

"铃——铃——"半夜12点时，家里的电话铃声忽然响起，那种感觉就好像门外不安的风雨就要威胁到屋里的你了，你的心情很是忐忑不安，紧张地拿起电话："喂！"请问对方是谁？

A. 爸妈；

B. 情人；

C. 朋友；

D. 打错了。

★妙探心理★

（A）你对人很信任，对自己更是信心十足，是被害妄想症的绝缘体。能把任何事都单纯化，凡事想得很开，活得也很愉快，即使遇到不顺心的事也会很快忘得一干二净。

（B）你的心眼多、心思细、考虑问题很复杂，用这来对照你看待别人的心，反而造成你对别人的极度不信任，总觉得大家都在心里盘算着各种谋略，就如同你对每件事都会想方设法地算计一样。

（C）你属于神经衰弱的体质，如果再加上长期睡眠质量不好的话，则被害妄想症的毛病会更加严重，只是你自己可能并没有发觉，一直以为这是每个人都会有的感觉，其实早就到了不可轻视的地步了。

（D）你不管在生命中遇到过多少次不好的经验，但还不至于一竿子打翻一船人，仍然愿意相信人性的善良和美好，不以仇恶和报复的心理来看待别人，自然就不会以为人人都是包藏祸心的行恶者了。

7

你有异于常人的毅力吗?

你在乡村生活了几天,从当地人身上感受到一股从未亲近过的温暖热情,让你深深感动。若要你用一句话来形容这种感觉,你会选哪一个?

A. 像纯水的甘甜回味;

B. 像老酒的香醇浓郁;

C. 像寒冬时用来取暖的炭火;

D. 像初夏的阳光既灿烂又温和。

★妙探心理★

(A) 你给人的感觉有些随遇而安,不太喜欢违抗天意,总觉得那样的人生太辛苦了,而且付出和收获又未必成正比,干吗还要去做无谓的坚持,还要咬紧牙关地忍耐再忍耐,还不如事到临头再解决,反而觉得轻松愉快。

(B) 你有一股永不放弃的信念,或许是你的气场还不是那么强,无法让人感觉到你一定会赢,但其实你是鸭子划水的潜力股,

进度缓慢却很踏实，总有一天成功会属于你。

（C）你放弃的速度比谁都要快，无论当前的形势是不是对自己有利，你都可能因为自己一时的情绪不佳或行事不顺就完全放弃了，既没有挑战的勇气，也没有坚持的毅力，无法承受马拉松式的考验。

（D）在你的标准里，没有什么达不到的目标，只要心存不凡的毅力，铁杆都可磨成绣花针。那些被别人看作是不可能完成的任务，只要一到你的手上，立刻就变成一定可以完成。

8

你是重利轻义的人吗？

最近因为烦人的琐事特别多，你的心情也变得杂乱烦闷，想要开车到山上去吹吹风，结果发生了一些状况把你的情绪搞得更糟。请问可能是什么状况？

A. 山上交通管制；

B. 要下山时才发现车子没油了；

C. 你的车子和别人的车擦撞；

D. 车子开到半山腰时抛锚了。

★妙探心理★

（A）你还算是个有所作为的人。虽然你很看重利益，但同时也强调利益的正当性，如果你和对方的关系不怎么样，而他对你有利，你还是会全力配合；但若是不该拿的利益，即使你和对方的关系再好，你都不可能接受。

（B）你是一个非常实际的人，理智常常能战胜感情，只是有些需要拒绝别人的话实在说不出口，这时候你就会想方设法地把没有利益的事变得有利益，然后才会心甘情愿地去完成它。

（C）你很讲义气，只做对得起自己良心的事，像那些忘恩负义、追求利益、恩将仇报的事，你估计一件都做不出来，你就像个有情有义的侠士，不可能为了一个"利"字而毁掉辛苦建立起来的信誉。

（D）你做任何事都会先计算投资回报率，如果打完算盘，发现根本是白费功夫，那么你一定二话不说、立刻就抽腿而去，也不管对方是交情很深的亲朋好友，还是只见过几次面的人，结果都一样。

9

你有强劲的生命力吗？

会让你想搬家的原因，除了新公司与住家的往返交通问题之外，还有另一个主要原因，请问那是什么？

A. 租金太贵；

B. 生活条件不好；

C. 房东不友善；

D. 住家附近的环境复杂。

★妙探心理★

（A）平时的你倒不会表现出对生命的悲喜，可是如果遇上人生的劫难时，就容易变得意志消沉，好像被判定永世不得超生的惩罚，生命力的强弱在顺境逆境中呈巨幅的震荡走势。

（B）你热爱生命，注重身体健康和不断寻找快乐是你终其一生的志向。尽管人生的苦乐都可能找上你，你仍然愿意用无比的信心期待雨过天晴的好日子，或是用还会更好的理念活下去。

（C）你可以感受上天造物的神圣和伟大，也非常乐意接受被指派到人间游走一趟的使命，不管这一生过得是否顺利，你都会坚持到最后一秒，对自己的生命负责，不会让消极的念头侵蚀。

（D）如果你有选择生死的权利，百分之八十你会选择结束生命。你的求生欲望非常薄弱，常觉得生命的一切都会如泡影消逝，好或不好、快乐或不快乐，最后还不是都要闭眼长眠。对你来说，你需要多接触一些阳光开朗的人。

10

你的自信来自哪里？

每个人都希望自己的房间舒适好看，那么你会在墙上挂什么来作为装饰呢？

A. 画；

B. 照片；

C. 挂钟；

D. 年历、月历。

★妙探心理★

（A）你是重视情调的人。你最大的自信，来自于好好安排自己的生活，做一个有品位的人。你觉得只有这样才能突显你的能力。

（B）你的自信来自于别人对你的肯定。你是比较传统守旧却又追求时尚流行的人。

（C）你的自信来自于工作效率。你是很好的策略性人物，不管什么事你都会花许多心思计划和安排。不过要小心你热衷工作的程度，别太过劳心。

（D）你的自信来自于自己的能力表现。你总是过于实际而不懂得掩饰野心，常让人认为你是个贪心势利又没有什么趣味的人。

11 你是不是工作狂？

如果你是一家大企业的负责人，有一位年轻貌美的私人秘书，你有权规定她上班时穿的服装，你认为下面哪种比较符合你的想法？

A. 和其他职员一样，一律穿工作服，公司要注意纪律；

B. 突显身材的窄裙，不但可以带出去应酬，自己也赏心悦目；

C. 保守的套装裙长过膝才显得庄重；

D. 任其自由穿着。

★妙探心理★

（A）你是个公私分明的人，虽然谈不上是个工作狂，但是只要办公事时，你就不喜欢涉及私人的事情。

（B）你很聪明机灵，懂得在该努力的时候努力工作，能偷懒的时候也不放过休息的机会。只能说你看起来像个工作狂。

（C）你是个平常看起来很散漫，实际上只要投入工作就一本正经的人。你最痛恨敷衍了事的工作态度，所以你是十足的工作狂。

（D）你是个奇才型人物，比较擅长策划性的工作，你是不是工作狂，完全根据你的工作性质而定。

12

你是社交高手吗?

假设这个星期天，你应邀参加大型宴会或婚礼等正式聚会，你要穿以下哪一件衣服？

A. 裤装；

B. 讲究的上下连身单件；

C. 迷你裙；

D. 上衣下裙的洋装；

E. 简朴的上下连身单件。

★妙探心理★

（A）你很爱表现自己，总希望能引人注目。你个性开朗活泼，但好恶极端分明。最恨受人指使，不愿拘泥形式。

（B）你拘谨而保守，不善社交。在人群中总显得很孤独，但很重情义也很温柔，对交友的条件要求很高，总是选择老式正统的交友方式。

（C）你是个标准的社交高手。一般来讲，迷你裙代表少女时的乡愁，可以看出你生性爽朗，喜欢在大伙中周旋。

（D）你给人知性高雅的印象。非常有自信，在人际交往中从不怯场，总能保持很"酷"的姿态。你总能以理性来抑制住盲目的爱情。

（E）你对自己的品位很有信心，善于以小配件或小饰物调配服饰来突显自己，性格开朗，有一股吸引人的魅力。

13

你的人际关系如何?

公厕中有三个便器,你会选择哪一个位置的便器方便呢?

A. 靠近洗手台;

B. 正中间;

C. 最角落。

★妙探心理★

(A) 你属于那种不在乎他人眼光、具有合理想法的人。你的头脑非常灵活,尤其擅长待人接物,人缘非常好,虽然缺乏最高领导者的才华,却可以成为一个能干的参谋者。

(B) 你是那种高高在上的性格,具有大气魄和远大志向的人。如果能够顺利被提拔,很可能会成为高地位有成就的人。

(C) 你是个自我防卫意识强烈的人。你固执又不懂得通融,所以经常吃亏。在重视人和公司的组织中,你容易坐在一个角落里,但是你不在乎周围人的眼光。这种人适合从事艺术方面或需要特殊技能的专门职业。

14

从买衣服上看你是否成熟

买衣服时，你会以什么作为选择的主要依据?

A. 牌子;

B. 款式;

C. 颜色;

D. 流行;

E. 价钱。

★妙探心理★

（A）基本上，你可以算是个成熟的人。虽然某些方面，你的能力和表现看起来不是太理想，但你还是能够努力不懈地朝目标前进，只是有时容易被看作是稚气未脱。

（B）你在心智上很成熟，每天都精神奕奕、充满自信，同时又很受朋友信赖，唯一的缺点是你对日常生活和人生的态度稍微有点严肃了。

（C）你全身上下都散发出一种成熟、迷人的气息，但是还不能说是完全的成熟，因为你容易感情用事。

（D）你属于努力不足的典型，不算是个成熟的人；你的心理成熟度还处于萌芽的阶段，如果从现在开始积极培养，将来定会大有作为。

（E）你的行为举止总是给人一种成熟的感觉。但实际上，你是个不折不扣、极需依赖他人的人。建议你多多发表自己的主见吧。

15

你会做出顾此失彼的蠢事吗？

在一次旅行中，你认识了一位新朋友，请问你和对方变成朋友的原因是什么？

A. 双方兴趣相同；

B. 对方很照顾你；

C. 一见面就觉得投缘；

D. 当时气氛和谐美妙。

★妙探心理★

（A）你一直都很重视也在思考一个问题，那就是如何达到自己不吃亏、别人也不埋怨的境界，虽然这么做总让你伤透了脑筋，但是你条理分明的思绪和周到完美的做法，经常得到很高的评价。

（B）你就是不希望因为顾此失彼而造成遗憾，所以特别小心翼翼地思前想后，没想到却因此引发其他的问题，反而让自己犹豫不决、顾虑太多，做出另一件同样令人绝倒的蠢事。

（C）你对生命中的某些部分过于投注心力，以至于失衡状态渐趋严重，当然容易做出顾此失彼的判断。你太执着于自己对一些事情的看法，无法放开心胸来接纳更丰富的知识，当然也就更容易做出错误的判断。

（D）你的性格有些迷糊和心不在焉，要你专心一意地投注在一个焦点上，似乎比登天还要难，所以也就无法有全面性的思考和设想，每每都是等到问题要发生了，才发现自己的愚蠢。

16

你是否该跳槽了？

周日的下午，看了一天电视的你突然感觉很饿，而且十分想吃煎蛋。这时，你会选择哪种做法？

A. 太阳蛋（一边煎熟，一边半熟）；

B. 两面都煎熟；

C. 将鸡蛋打散再煎。

★妙探心理★

（A）你的跳槽指数还是很高的。对你来说，你更在意一家公司的气氛和环境。对你而言，只要是名头响亮的公司，或者外表光鲜亮丽的公司，只要让你觉得进进出出很露脸，不管做什么工作，你都会冲动地想去上班。

（B）你一般不会轻易地想要离开单位，除非发生特别重大的事件，或是你对公司一直有不满的情绪，不然你可能是老死在公司的那种人，你的跳槽指数很低。其实，当一件工作很难再有所突破的时候，跳槽也不失为一种明智的选择。劝你一句，果断地走出去

吧，你会发现外面的世界其实很精彩。

（C）虽然你做事很实在，只是工作常跟着情绪走，一旦你决定要离开公司，不管有没有人来挖墙脚，或是有没有失业的危险，你都会选择离开。这个时候你的心态就是说走就走，绝不在这儿多待一天。

17

从新婚夜看你属于哪一类商人

新婚之夜是一个人一生中最幸福的时刻，那么你会选择在怎样的环境中度过自己的新婚之夜呢？

A. 视野绝佳的小木屋；

B. 有水床的情人套房；

C. 豪华的总统套房；

D. 可以豪赌的观光饭店。

★妙探心理★

（A）在商场上，因为你有着纯真的外表，对方大多不会对你有过多的防备，刚准备从你身上捞些好处，谁知道在你单纯的外表下是一颗险恶的、精打细算的心，让人防不胜防，而你正好从中一次又一次达到了自己的目标。标准的扮猪吃虎型，属于绝妙的"奸商"，如果再有一个搭档演黑脸来配合你，你就更加所向披靡了。

（B）在商场上，你比较适合扮演慈善家的角色。你的心肠很好，很容易相信别人，忘记了商场是个尔虞我诈的地方，常常管不住自己，容易同情心泛滥，等明白过来的时候，利益早就被你拱手让给了别人。

（C）你是个冷面而有原则的商人。从你的角度，你在生意场上绝不会为人情让步，你重视商业信誉。诚实的交易态度也会为自己树立不错的名声，也让公司成为一个公平竞争的典范企业，这对于企业的发展和壮大具有重大意义，常会给你的经营带来立竿见影的效果。你是一个优秀的经营者。

（D）你的智慧和谋略通常很让人赞赏。你坚信风险越高，回报就会越高，你总是倾向于高风险的投资，但是你绝不会随便地进行风险投资。你具有很强的计划性和前瞻性，貌似随意的赌局，其实你早已经找到了方法，并用最少的投入获得了最大的回报。你在商场中通常能够乘风破浪，即使真的失败你也绝对输得起。大手笔、大规划、敢做敢当、果断决策是你的特点，你是商场中不容忽视的大角色。

18

你容易被攻击的弱点是什么？

你有幸参加一次田园之旅，你最希望在那里体验到什么？

A. 采果之乐；

B. 花卉欣赏；

C. 生态观察；

D. 农村体验。

★妙探心理★

（A）这个也好、那个也不坏，别人的心中只有一把尺，但是你的心中却有很多把尺，永远无法坚定地说出自己要的是什么，有时即便说出口了，仍是朝令夕改，让人觉得意志不坚定、难成大事。

（B）你的分析能力和判断能力似乎是性格中较弱的一环，往往搞不清楚谁是好人、谁是坏人，什么事值得花力气去做、什么事根本不需浪费时间，像这种是非不明的缺点将严重影响别人对你的评价。

（C）你很喜欢交朋友，社交关系也还算不错，会刻意制造和人互动的机会，借由礼尚往来得到信息或好处。虽然做人并不坏，却让人感觉太重利益，情感显得淡薄了一些。

（D）拥有悲天悯人的情怀并不是一件坏事，但如果不能悲智双修，只是一味地付出，反而变成了姑息养奸的温床。如何改善你没有条件的好心和不知设限的贡献，将是你人生最大的课题。

19

你的生存能力如何？

一个风和日丽的日子，打扮靓丽的你乘上公交车，快快乐乐地去赴情人的约会。本来心情美美的你却在下车时出了糗。你认为是什么事情让你如此出糗呢？

A. 你的皮包忘在车上了；

B. 一不小心跌了一跤；

C. 有人跟你说，你的裙子拉链没拉；

D. 把"司机，下车"说成"宝贝，下车"。

★妙探心理★

（A）你就像打不死的蟑螂，求生意志超强，无论在怎样的情况

下，你都可以坚强地活下来，就算有人要置你于死地，也很难成功。

（B）你是一个很容易放弃的人，一点点的波折都足够让你落跑或逃避。你需要有人在你身边不断为你打气，你才有坚持下来的可能，否则你会采取消极等死的态度。

（C）你的人生走的是中庸之道。你不会被名利和地位牵着鼻子走，也不会没有追求。该玩乐的时候玩乐，该负的责任决不推托，你是一个可以令人放心的人。

（D）你的生存能力还算不错，虽然没有炼就金刚不坏之身，成为怎么砍都砍不死的人，但会为了自己美好的将来或期待的梦想而往前冲。因为心中充满了希望，因此你会很努力地去规划和经营自己的将来，让自己一步一步走向成功。

第五章

哈佛助你——破解应激反应

1

口头禅暴露你的性格

经常挂在嘴边的口头禅可以暴露性格，这可是有根据的，不信你测测看吧。下面的这些口头禅，你一般会说哪一种呢?

A. 啊，呀，这个，那个，嗯；

B. 可能是吧，或许是吧，大概是吧；

C. 应该，必须，必定要，一定要；

D. 但是，不过；

E. 听说，据说，听人讲；

F. 说真的，老实说，的确，不骗你。

★妙探心理★

（A）习惯说这种口头禅的人反应较迟钝或是比较有城府，在说话时利用这些口头禅作为休息。也会有骄傲的公务员爱用这种口头禅，因为怕说错话，需要时间来思考。这种人的内心通常都是很孤独的。

（B）说这种口头禅的人，自我防卫能力超强，不会将内心的想法完全暴露出来。在待人处事方面也很冷静，所以工作和人际关系都不错，此类口语也有以退为进的含义。事情一旦明朗，他们会说"我早就想到这一点"，从事政治的人都有这类口头禅，其实是隐藏了自己的真实想法。

（C）这种人自信心极强，为人冷静，做事情很理智，自认为能够说服对方。另一方面，"应该"说得过多时，反而表现出其有动摇的心理，长期担任领导的人，容易用这类口头禅。

（D）总是说"但是"是为了保护自己，显得很任性但也显示了他性格委婉温和的特点，没有果断的意味。从事公共关系的人常用这类口头禅，因为它的委婉意味，不会让人有冷淡感。

（E）这种口头禅是为了给自己留有余地的心理形成的。说这种口头禅的人见识虽广，决断力却不够。很多处事圆滑的人，习惯用这类语言，在办公过程中，他们会为自己时刻准备着台阶，有时也会被很冲突的心理困扰。

（F）这类人经常担心别人误解自己，因此性格有些急躁，内心也常有不平。他会十分在意对方对自己所陈述事件的评价，所以会一再强调事情的真实性，只希望自己在团体中可以被认可，并得到很多朋友的信赖。

2

你会怎样处理和别人的矛盾?

当你一个人在语言不通的非洲,非常口渴,好不容易看见一个卖水的老婆婆,你会怎么做来要水喝?

A. 画图;

B. 比手画脚;

C. 找人帮忙;

D. 边比边说;

E. 算了不买了,忍一下吧。

★妙探心理★

(A)你是一个聪明的人,如果有谁招惹了你,你一般不会大吵大闹。你会不动声色地尽力掩饰自己的情绪,一直会忍耐到于情于理都到了火候,你才会大义凛然、名正言顺地使用暴力,让对方知道你没有想象中那么好惹。你的火暴脾气不发没事,一发吓死人。有句俗话:"老虎不发威,当我是病猫啊!"大概说的就是你这类人吧。

（B）如果你和别人发生了矛盾，就会冷战好几天，不会和对方说话，表面上故意装得很平静，互不理睬；要不就拿东西撒气，摔摔打打，毕竟一肚子的火气憋在心里并不好受，总要多少喷发一点嘛。其实倒不如痛痛快快把心里的不满发泄出来，天天看你阴沉着脸，周围人也会提心吊胆，不知道该如何是好呢！

（C）你不会去伤害别人，遇到不愉快的事，你只会暗地里伤心，实在憋闷到受不了，也可能伤害自己哦。潜意识里你有自残的倾向，其实这是一种逃避问题的表现。你的心理抗压能力有些弱，一旦发生事情，不管大小你都会觉得难以承受，你的性格又比较内向，所以只会把火往自己身上撒，这可真不值得啊。

（D）你在潜意识里非常传统，遇到不愉快的事情也会隐藏起来，不让人看出来，除非到忍无可忍时才会爆发。可是你连自己的暴脾气什么时候会发作都不知道，只有在超过忍耐的极限时，性情才会突然大变，大发雷霆一通。

（E）你可有一张刀片般锋利的嘴啊！你一般不热衷于行为暴力，但在语言暴力上你可是属于大师级的人物。你要是看谁不顺眼，就会抓住对方的痛处说个没完，从你嘴里出来的话绝不是和风细语，你的言语刻薄得就差把对方吃进肚子里了！嘴上不饶人是你的真实写照，这样下去即使你有颗豆腐心，也很难让人发觉啊。

3

了解一下自己的优点

下面有六种状况设定，请从中选择一种你觉得最无法忍受的。

A. 虚伪做作；

B. 欺负小动物；

C. 不遵守约定；

D. 欺善怕恶；

E. 混黑道；

F. 对老人、小孩不友善。

★妙探心理★

（A）诚实、正直是你最大的特点，相对于用谎言来包装自己，你更希望以真实的自我来获得周围人的肯定。你那表里如一的坚持，会让大家对你的信任感与日俱增。

（B）即使要你牺牲自己，你也会义无反顾地选择仗义执言。所以，你的正义感总会为你带来更多人的友谊。你那行侠仗义的性格会为你赢得众人的赞赏与信赖。

（C）你很注重人与人之间的信赖，也努力遵守约定，答应别人的事一定会做到，就算发生麻烦也会尽力解决。这样的人，当然是大家最欣赏的人。

（D）你属于"路遥知马力"那种类型。年纪越大，你的优点就越会获得称赞。你总是默默地耕耘，把明知不可能的任务顺利完成，大家都会对你甘拜下风。

（E）你总是可以设身处地为周围的人着想。你的协调性、自我约束能力都很强。跟你相处，大家总是可以无后顾之忧，你的善解人意更让大家时时刻刻都想亲近你。

（F）你的同情心非常旺盛，看到需要帮助的人和事，就会忍不住想要贡献自己的力量。受你的影响，许多人都感到无比快乐，这个社会也变得更加祥和。

4

你如何评价自己的进取心？

你住在二楼左侧的房子里，有一天你要出门去倒垃圾，你的左边是一个窗子，而楼上和楼下都各有一个垃圾道，在二楼的最右边也有一个垃圾道，你会选择怎么把垃圾倒了呢？

A. 下楼到下面那个垃圾道去倒垃圾；

B. 从自己所在的位置一直向右走，去那里倒垃圾；

C. 从窗口倒出去；

D. 上楼到上面那个垃圾道去倒垃圾；

E. 直接从身边的窗口爬出去倒垃圾（从那里可直接到垃圾道）。

★妙探心理★

（A）你最近可能陷入一种懒惰的思想中，你希望自己可以省力气，却没有考虑到以后要回到原先的位置还需要花费同样的力气。你也可能是觉得生活不应该背负太多负担，只想轻松地享受人生。

（B）你现在很可能对现状非常满意。你喜欢平平淡淡的生活，简单的东西你就越喜欢，不喜欢复杂的飘忽不定的感觉。你希望自己喜欢的东西永远维持现状，就算不前进也无所谓。

（C）你的素质需要培养，你现在之所以遇到麻烦，很可能是你个人修养的问题。

（D）你的进取心很强，而且有强烈的欲望，是个非常上进的人。希望得到比较好的位置，不论是工作还是学习都喜欢得到好的名次。

（E）你追求刺激的程度几乎到了让人觉得不可思议的地步。你觉得平凡的生活太单调，需要时时刻刻保持新鲜感。

5 你对成功的渴望有多强烈？

你和恋人前往50层高的餐厅吃晚餐，但电梯到了40层时因故停止，需要你们走楼梯。这时你会：

A. 离开那栋大楼；

B. 爬上50层楼；

C. 在40层楼餐厅将就吃；

D. 打电话到50层楼，要求他们把菜送到40层楼来。

★妙探心理★

（A）你成功的可能性不是太高，擅长计划却从不采取行动。

（B）你成功的可能性蛮高的，会向目标积极迈进，即使成功也不满足，会企图获得更高的成就。

（C）你这种人没有太大的机会成功，只要预料会遭遇困难就马上放弃，或者告诉自己，现在这样已经不错了。

（D）你这种人想做时会努力去做，不想做时就不做，所以你的成功动机具有不稳定性，时而强时而弱，很难坚持到底。

6

测测你的心理抗压能力

也许你很久没骑脚踏车了，不妨想一想你喜欢或者正使用的脚踏车应该是哪一款?

A. 变速越野车;

B. 电动脚踏车;

C. 轻便型脚踏车。

★妙探心理★

（A）你对压力有着良好的调节能力，你会非常理智地判断出哪种程度的压力对自己是有利的。当压力过大时，你优秀的调节能力就会体现出来，你会调整自己的心态或者做些事情来减轻外来的压力。有时，压力对你来说反是一种自我表现的途径。

（B）选择这个选项的朋友，你对于压力可以说是非常敏感。在现实生活中，你绝不允许自己承受过大的压力，一旦超过自己的承受范围，你就会马上选择放弃。不过，有时压力可以帮助你完成不少事情。不妨试一试，让压力变成自己的动力。

（C）选择这项的人，通常来说无法忍受自己承受过大的压力。也正因此，你选择了轻便型脚踏车，可以让自己省力。不过这也不代表你不能承受丝毫的压力，有时候压力反而能够成为你的动力，让你发奋达到你心中的目标。

7

握出你的魅力

握手是我们平日里最普遍的交往礼节，一个人的握手方式可以显露出他的个性。这也是初次见面时，了解一个人的好方式。面对第一次见面的人，你会采取何种方式握手？

A. 只握手尖部分；

B. 用两只手握住对方；

C. 不停地上下摇晃；

D. 用力握住对方的手。

★妙探心理★

（A）这种握手方式有点轻视，有些领导人物为了表现自己的地位，不自觉地会采取这种握手方式。对别人总是不满，喜欢挑剔。

（B）你急公好义，十分热情，不会在背后告状。你是一个很直率的人，即使朋友有错，你也会当面指出，这是你的交友原则。

（C）你是一个顾虑心比较重的人，对于一些需要表明立场的事情，有时会感到非常为难。比如说你不能指出朋友犯的错，但在内心，又会为不能提醒朋友而感到痛苦。

（D）你十分自信，喜欢表现自己，认为自己是强大的。因此，比较喜欢对别人指手画脚，是一个论辩的好手。主观意愿非常强烈，喜欢自己做主，有专断的倾向。

8

你对待朋友是真心的吗？

假如今天你和朋友一同出游，却意外地收到一束漂亮的花。回家之后你将会把它放在哪里呢？

A. 铺着花格子桌巾的餐桌上；

B. 洒满阳光的窗台边；

C. 干净的洗手间；

D. 门口玄关处。

★妙探心理★

（A）你过于天真，就像桌巾一样，毫不保留地将自己赤裸裸地摊在朋友面前，完全不会隐藏。对于朋友口中的话深信不疑，有疑问也会赞同，不会先用大脑过滤一下，甚至经常会被一些七嘴八舌的意见搞得头昏脑涨的。提醒你，对那些可能会对你使坏的人要多加小心，提防一下才是喔！

（B）和煦的阳光，透过窗户的玻璃射向屋内的每一个角落。窗台边正好是屋内日照最佳的地方，象征着你积极开朗、坦率纯真的一面，这样的动机当然也会直接反映在你和朋友之间的相处，所以今天的你：绝对不会无聊到想要耍心机、使心眼，你散发的和善气息也将会带动周围的朋友对你友好示意呢。

（C）小滑头可是你今天的最佳写照！洗手间向来是较为私密的空间，也是整个家中最不明显的角落。选择放在洗手间的你，就有点意味着此时此刻只想将所有的心事隐藏起来，一点也不想让人看出你在想些什么，而洗手间的小灯也只会在使用时打开。这就表示你只想独享一些私人感受。对人的防范意识有增无减，活像个小刺猬，记得可别辜负朋友们的一番好意喔！

（D）玄关向来是对外的最大出口，是欢迎朋友的大门，这说明今天的你，擅长交际，虽然表面上看来亲切友善，不过内心想法可不太踏实，社交中敷衍嫌疑较大，真心话少得可怜。你是有权选择你想说的话，但是小心可别被朋友轻易识破你的不诚恳喔！

9

从出门带手机看你的人际关系

出门时，你如何携带你的手机？

A. 放入皮包侧袋；

B. 挂在腰边；

C. 随意丢在皮包里；

D. 随时拿在手上；

E. 当项链戴或使用手机背袋。

★妙探心理★

（A）你的个性随和但是很有理性，喜欢以圆融的方式和人交往，不喜欢跟人有冲突，不会得罪人，也不会和人过度亲昵。

（B）你有比较强的控制欲，希望在团体中扮演领导的角色，对于人际关系也有个人选择的标准，希望能建立以自己为中心的社会关系。

（C）你对人际关系比较随缘，觉得朋友之间的往来是一种缘分，有缘的时候大家聚在一起，缘分尽了，就算不联络也很正常。

人生嘛！可不就是这么一回事。

（D）你是一个很重感情的人，随时随地可以为朋友赴汤蹈火，在所不惜。

（E）你是一个很重视人际关系的人，但无法轻易对人打开心扉，看起来朋友满天下，但真正的知己却没有几个。

10

看看自己的口风紧不紧

你今天在家中的地板上突然看到一百元钱，你拾起后不想马上花掉，也不想被家人发现，那么你会存在哪个地方？

A. 枕头套中；

B. 书桌抽屉的深处；

C. 随手放入包中；

D. 家中客厅的柜子里。

★妙探心理★

（A）你是个说话小心并且会有所保留的人，但耳根子软，经

不起他人的要求或纠缠，最后就会以妥协收场。会不会说出秘密，很多时候得看情况而定。而你也最怕听别人的秘密，因为你自己也知道不一定能保守到底。

（B）你一旦承诺不说出秘密，就不会轻易透露任何信息。另外，你也是一个相当善于察言观色的人，知道什么场合该说什么话，平时话很少，但和人的交流都能恰如其分，很少会出现不小心将秘密说出口的意外。

（C）你很喜欢交朋友，也很健谈，喜欢和人一起凑热闹，对于八卦消息更是有兴趣，而且天生直肠子，心中藏不住什么事情。但你并不是故意泄露秘密，只是因为没什么心机，而且每次一兴奋起来就容易得意忘形。

（D）你属于口风很紧的人，不过在有利可图的情形下，还是有可能出卖消息给对方。你也相当精于事务，经常是选择性地保守秘密，且就算是泄露秘密，也可以掩饰得很好，不会让旁人知道。

11 了解一下自己的对立面

你和一个陌生人第一次见面时，你最反感的是：

A. 不够大方，跟你很疏远；

B. 抢着讲话，油腔滑调，把你当听众；

C. 主动靠近你，拍你的肩膀，跟你称兄道弟；

D. 不停地问你个人问题，像调查身世一样。

★妙探心理★

（A）你是一个性格内敛但心底又有很强企图心的人。你想拥有一个圆满的人际关系，希望跟陌生人建立起一个好的接触点，不过，你总认为主动去跟别人搭讪很伤你的尊严，说白一点，你是那种认为自己有很高魅力的人，但这只是你的个人期待，别人可能就和你不一样。所以，一遇到这种情形，你就会不自觉地把自己的期待套在别人身上，如果别人不能按照你的意愿行事，你就会对对方产生反感。因此，你的这种主观期待很容易得罪人，也很容易因此而树敌。所以，当你有敌人出现时，你最好反省一下，是不是又得罪人了。

（B）你的敌人很可能就是那些演讲狂人，或者是不让你发表意见的人。你是一个很讨厌当听众的人，说白一点就是你不喜欢在人际交往中，老是对方掌握话语权，要么把你当作一个情绪发泄的工具，不然就是想一开始就把你压得死死的，让你知道他的厉害。你会对这种人反感，也就表示你在气势上不想被人压过，不然就是希望别人尊重你的发言权。尤其是那种油腔滑调的人，更让你觉得对方不可靠，以后再见面，你可能不会给他什么好脸色看，于是你

的敌人又增加了一个。

（C）你的敌人通常都是那种有自大倾向、不尊重你的人。你的自我保护心理比较强，对于陌生人你会不自觉地想要保持距离，因为你对于自己的应对能力没信心，对于别人的信任也不够，所以，你下意识地会害怕别人一开始就侵入你的私人领域，而且还不经过你的同意就触摸你的身体。因此，你会对他产生反感，下意识地认为他不尊重你的想法和观念，在你的心目中会很自然地把他列为和你不同类的人。为了减少你的敌人，有时候你不要反应太过分，也许人家不是怀有恶意的，只是个性比较大方、粗鲁罢了。

（D）你是一个稍微有点自闭倾向，想多保留一点隐私的人。于是面对那种想控制他人的人，你会觉得压力很大。那种人其实只是想进一步认识你，想在很短的时间内对你有更深入的了解，不过，如果他只是一味地问，而不说明自己的背景，或是不让你反问，这就暗示他是一个很有控制欲的人。你会对这种人反感，最主要是对方会给你很大的压力，而你不想让自己的背景和资料暴露在别人面前，也暗示你对于自己的背景和条件不是很满意，不希望人家知道，这多少是因为自卑情结作祟，所以你很讨厌不停发问、调查你背景的人。但也因为这样，你常在不自觉间得罪了人。

12

看看你的人际关系怎么样

假如现在有人不小心误会或得罪了你，你怎样应付这种不愉快呢？以下四种答案，你觉得哪一种最好？

A. 君子报仇，十年不晚，你给我记住；

B. 拼着老命和对方大吵一顿，从此老死不相往来；

C. 这种人太危险、卑鄙，还是和他保持一点距离吧；

D. 正常现象，没什么要紧的，自己的快乐坦然才是最重要的。

★妙探心理★

（A）你绝对没有自信捞回面子，所以只好把仇恨记在心里。你的性格有点压抑，一遇到事情，就放在心中，愁肠百结，说不定会使自己受到伤害。有时你处于弱势，似乎总是放不开；但有时你又暴躁不安，用一些粗暴的方式来试图压制对方，以确立自己的地位。其实，你总是觉得没有足够的自信来把握对方，因而常常处于一种莫名其妙的自我折磨中。

（B）你的人际关系糟透了。你个性霸道，太自以为是，谁敢和你长久相交呢？同时，由于你口无遮拦，时常出口伤人，所以恨你的人一定挺多的吧？要想改变你目前不太如意的人际关系和姻缘，请一定收一收霸气，学习以理服人，你的明天同样会更好。相信我们，没错的！

（C）你太过敏感了，丝毫不想想事情的原委就一味躲避，真令人瞧不起！说实话，有耐心弄懂你的人恐怕不会太多。所以呢，还是把问题看得简单一点，面对现实才是真正明智的选择。

（D）表面上看，你绝对宽宏大量，但你敢保证，你心里真的愉快吗？应该不是吧。某些问题，还是挑明的好，不仅让自己心情轻松，对方也能有所自知，一举两得的好事，你觉得呢？

13

用软件了解你的决策力

如今各种各样的软件推陈出新，版本日新月异，来不及学习，跟不上时代，一直是所有上班族的梦魇。以下哪种类型的软件是你认为必须要掌握的？

A. QQ、微信之类的通信软件；

B. Excel之类的计算或管理软件;

C. Word之类的文字处理软件;

D. 影像或绘图软件。

★妙探心理★

（A）分析你的决策，其实功劳不在你身上，先别忙着抗议，这样说可是有根据的，因为在你下决定之前，你花了不少时间征求别人的意见，将所有人的看法汇总，在脑袋里九弯十八拐，上下震荡一下，才作出决定。缺点是决策速度太慢，优点则是因为广纳众人意见，决策结果较符合大家期望，争议性较小。

（B）你认为决策不能随便下，要有科学依据，所以在下决策之前，你会收集很多资料，这些资料就是你的靠山，之后你会用功消化这些资料，力图寻找出根据，并进行不同方案的推演。客观衡量所有可能条件和结果后，你才能推衍出最终结论来。

（C）你的决策方式，是让自己的意志和天意交互作用的。大多数时间，过去的经验法则就是你决策的依据，非经验法则之外的事物容易让你陷入无法自拔的泥沼，这时赌徒心态出现，你会赌一赌结果，当然有时还是会担心赌输，害怕成本太高无法承受，这时你也不排斥求神问卜，到热门庙宇拜拜，或是就近上线问神，让神明指引你在抉择的分岔路口找到下一个方向。

（D）你的决策力来自直觉，第六感是你的最佳军师。遇到要决策的时候，你就让直觉领军，感觉怎么做会比较好，你就会怎样决

定。你一直迷信你的直觉，有意思的是，命中概率蛮高的，所以你就堂而皇之地运用，理所当然地让你的决策跟着感觉走。

14
座位选择与学习倾向

如果你可以选择的话，你最喜欢坐在教室中的哪个位置？

A. 第一排正中央；

B. 教室的正中央；

C. 离老师最远的角落；

D. 最后一排。

★妙探心理★

（A）你是一个求知欲和学习意愿都很强的人，而且这种学习动机是自发的，没有人强迫你，你也不是为了别人而学，是个很有求知心的好学生。

（B）你的读书动机并不是自主的，因此很容易受影响。你很希望老师能注意到你，而且你一直有在班上出风头的期望，至于上课的内容是什么，对你来讲并不重要。你的学习情绪很容易受他人影响，你的成绩好多半也是为了给老师看或是向同学炫耀。

（C）你是一个恨不得躲起来、看不到老师、老师也看不到你的人。你不是讨厌老师，而是你实在是非常讨厌上课，你的学习意愿可以说是零。为什么会这样？只有问你自己了。你觉得上课简直就像坐牢，所以会坐在离老师最远的角落，搞不好老师的眼镜度数不够，你就赚到了。如果你是这样的心理，可需要纠正哟！

（D）你之所以会坐在最后一排，是因为你是个不喜欢出风头、不希望被老师注意、只喜欢安安静静想自己事情的人。你的学习意愿其实也不算低，只是你很需要有自己的空间来做自己的事。如果有你喜欢听的课程，你就会投入去听。如果老师的口音太重，听不懂也没兴趣，你就会做自己的事了。

15

你的意见会被人接纳吗？

有不少人从小就开始收集邮票，在众多集邮主题之中，你会偏爱哪一种？

A. 风景名胜；

B. 活动纪念；

C. 绘画艺术；

D. 人物肖像。

★妙探心理★

（A）你见多识广，消息来源又多又有效率，你说出的话通常对大家挺有帮助，所以大家都会把你奉若"传播之神"，在信息流通方面贡献了不少心力。你探听的范围很广，所以能应付各种人的要求。不过若要更深入地剖析，可就要另请高明了。

（B）你很少表达个人主观的意见，不愿左右别人的想法。可是如果有人向你征询意见，你会试着将所有相关因素分析综合后，提供给对方尽量详尽的资料，让对方能够自行判断选择，你认为这样做才是最合适的方式。虽然没有给予具体的解决方案，可是你的做法也正符合求助者的需要，所以在别人心中，你的意见占有举足轻重的分量。

（C）你的品位独特，并且你做出的选择很少出错，可以直接模仿、跟进，不必担心会带来什么负面的影响。所以有不少人都在暗中关注你最近买了什么，或是又在参与什么活动。你就像是大家的精神指标，一举一动都受到瞩目，身边有不少的流行风潮，大概都是被你带领起来的吧。

（D）你做事循规蹈矩，不会有好高骛远的心态，总是按照既定的步骤来做，所以成功的概率很大。你诚恳的做事态度，经常让人很想追随你的左右，向你学习。因为你不会藏私，有什么不错的想法和体会，都很乐意与其他人分享，所以成为一个能够带领团队成长的领导者。

16

从数字中看你的性格

数字0—9中，你最喜欢哪一个？或是你印象最好的数也可以。

A. 3、5、7；

B. 2、6、8；

C. 0、4；

D. 1、9。

★妙探心理★

（A）选择奇数的人很注重生活的机能性，对美感也很重视，是敏感细致的人。在日常生活中喜欢装饰一些富有变化的东西。

（B）喜欢偶数的人对事物有着相对性的看法，会把生活分成截然相反的对内和对外两种，在外面反应灵敏，而在家中很温和。

（C）0、4这两个数字是很难被选中的，选择这两个数字的人对事物有合理的看法，很有投机心理，做事会一往直前，不左顾右盼。

（D）喜欢一头一尾两个数字的人富有野心，好奇心很强，对

自己做的事很自傲，不轻易听别人的劝告，善于计划，但科学常识较差，是个浪漫型的人。

17

看看你属于什么性格

请在白纸上简单地画一条鱼。看看你画的鱼头朝向哪边？

A. 鱼头向左；

B. 鱼头向右。

★妙探心理★

（A）这一类人是社会的少数派，属于活泼外向型，很易受环境的影响而改变看法。对团体有良好的适应能力，能够跟大家和谐地打成一片，遇到任何疑难，都会坦然地与人沟通，谋求彼此的共识。

（B）这种人属于内向害羞型，轻易不会向人吐露自己的心情，即使遇到难以解决的困难，也宁愿搁在自己的心里自寻烦恼。所以这种人不容易被了解，他的内心像一座封闭的象牙塔，只容许自己和自己对话。

18

从吃汉堡看你的个性

从某些小动作和习惯可以知道一个人的个性，以吃薄饼或汉堡包，甚至叉烧包为例，如何开始吃第一口，就可以看出你的个性。一般来说，吃法可以分为三种，你是哪一种呢？

A. 先吃边缘；

B. 咬一大口；

C. 把包或饼拆开一半才吃第一口。

★妙探心理★

（A）先细细咬、慢慢嚼，你是个小心谨慎的人，你处事镇定，就算在紧急关头也会镇定自若，平日做事很有条理。然而，也有不足之处，那就是凡事太过考虑，以致有拖延进度的情形出现，同时很容易迷上某些事物。

（B）你不拘小节，性格豪爽，对小事更是毫不在乎，很有胆量，是个行动型的人物，好胜心强，有自信，不大理会别人的意见，自己觉得对就会马上实行。这种人的缺点是过分冲动，往往到头来吃亏的是自己，应改善一下，尽量听取别人的意见。

（C）你很认真，做事态度不错，行动前一般会慎重考虑。即使心里很喜欢某些东西，也不会急着去获取。凡事都尊重别人的意见，要对方有所表示才会去行动。日常生活中，可能会经常被人占便宜。

19

看看你适合什么职业

你参加了世界景观惊奇之旅，其中一项活动是让你站在一扇特殊的窗户前面，按下某个按钮之后观赏你从未见过的景观。你希望看到的是什么？

A. 充满挑战的崎岖山路；

B. 任何和树木有关的景色；

C. 一片绿油油的草原风光；

D. 任何和食物有关的景色；

E. 海天一线的远眺美景；

F. 有繁星点点的黑夜。

★妙探心理★

（A）你是目标坚定勇往直前的千里马。你略带冷峻的孤傲，不过，这丝毫不会对你的成功有所影响，你集智慧和行动力于一身，有明确的人生目标，并且会朝着目标努力前进。因此无论你身处什么样的环境，最终都会取得令人瞩目的成就。

（B）你是缺乏耐性的聪明猴。你绝对算得上是智能型的人物，身手矫健、头脑灵活，总能够为下一秒发生的事情做好打算，善于运用自己的优势，让别人喜欢你、欣赏你，不肯定你都难，即使偶尔会有"猴急"的表现，也不会破坏你在大家心目中的好印象。

（C）你是踏实肯干的勤劳牛。你勤奋踏实，与世无争，喜欢有规律的生活。日出而作、日落而息，与世无争的平静里自有一股让灵魂安定的力量；在平缓而规律的生活步伐里，一点一滴地去实现自己的目标。你从来不逾矩、不妄想、不贪图，你很知足，只要能完成分内的工作，就觉得很快乐了。此外，你的执行能力和责任感也是可圈可点的。

（D）你属于HAPPY就好的快乐猪。你的人生哲学是"精神重于物质，快乐就好"！除了吃东西和玩乐，其他时候都不是很勤奋，眼睛常常处于迷离的状态。你的字典里完全没有"竞争""压力""力争上游"这类的字眼，你喜欢做自己想做的事，即使那样会让你显得和周围的人格格不入，你也不会在乎。

（E）你是享受自由、追求新鲜感的悠游鸟。你喜欢享受自由，喜欢新鲜，讨厌被约束。虽然，外面的世界很精彩，不过外面也有很多风雨，这就注定了你会经历得比别人更多。苦难、喜悦、悲伤、感动，一切都要尝尽之后你才会觉得这一生是完美的。你所拥有的反应力和社交能力，都很让人羡慕。

（F）你是情绪化的神秘猫。你是个相当自我的人，而且变幻莫测，待人处事完全凭自己的情绪而定，讨厌被人指挥，喜欢自己掌控生活，不容易被他人所影响。总之，你就是一只忽冷忽热、时而温柔时而犀利、时而慵懒时而欢跃的神秘猫。

20

你对金钱的态度是什么样的？

有一个人戴着假发外出，突然吹来一阵强风，你猜想他的假发会怎么样呢？

A. 假发全吹向一边；

B. 假发被吹得乱七八糟；

C. 假发被吹落，露出光秃秃的脑袋。

★妙探心理★

（A）你对钱有些斤斤计较，把金钱看得过于重要，生怕别人会侵吞你的财产，因此会处处提防别人，让别人认为你心胸狭窄又小气。你不会随便花钱，但由于防卫性太强，不敢去做投资或合作的事业，因此只能存小钱，不能发大财。

（B）你总是不畏艰难地辛苦赚钱。你很看重收入，把收入当成荣耀的象征，因此会努力赚钱，即使工作很辛苦，也愿意投入，但是不要忘了，赚钱虽然重要，也不要忽略了健康，否则会得不偿失喔！

（C）你花钱没有一点节制，有些随心所欲。你对金钱的态度，是随自己的喜好而想花就花，你缺乏掌握金钱的能力，所以时常一拿到钱，就会马上花光。长久这样下去，你很可能会负债累累哦。

21

你会该收手时就收手吗？

如果你要和另外三个同伴共乘一部出租车，通常会选择哪一个座位？

A. 司机旁边；

B. 后排左边；

C. 后排右边；

D. 后排中间。

★妙探心理★

（A）你是一位很理智的人，懂得遵守市场规律，不会做出什么错误判断。如果有一天你真的遇到了生意上的麻烦事，你会理智地选择放弃，再去寻找新的生意目标。你也是个镇定自若的人，你不会因为一些突发的事情而手忙脚乱，总之，你会在发财的路上放出光彩。

（B）你有些自我封闭，因而也是个自以为是的人。也许你的固执会让你在追求梦想时用尽全力，但你不能审时度势，有时选择放弃也是明智之举。

（C）你可能是家中的老大，做事情喜欢精心策划和设计。你是个细心的人，会在花钱之前预计一切后果，不会对突发的危机没做准备。你发现放弃是减少损失的时候，你会义无反顾地放弃，并且不会再回头看一眼。

（D）你有一颗脆弱的心，也许你并不适合做生意，你无法承受生意中出现的危机，也无法处理和化解这些矛盾。你也许适合选择一份稳定的工作，每月领取一份适当的工资，过一种安详、平和的生活。

22

你的烦恼来自哪里呢？

在你沉睡时，不知从何处传来一种声音，让你从睡梦中醒来。你想那会是什么声音呢？

A. 电话铃声；

B. 飞机的声音；

C. 人的呼唤声；

D. 鸟的鸣叫声；

E. 时钟的声音。

★妙探心理★

（A）电话的铃声，代表你的事业。迫在眉睫的要事正等待你去解决，才会让你听到铃声，你此刻是不是正为那些迫在眉睫的计划草案还无法提出而倍觉困扰？换句话说，你最想忘掉的，就是手头上的工作。

（B）机械式的嘈杂声，代表着心理上的歇斯底里。你现在是不是正为无理取闹的妻子或情人的嫉妒心而困扰？你也许正想到一个完全没有女人的国度里去逃避吧！

（C）人的呼唤声，代表着你的人际关系。那响彻云霄的叫喊声，可能是上司对你怒斥的声音。你现在也许正因无法和同事或上司维持友善的关系而困扰，而试图把这些不愉快的人际关系早日忘掉。

（D）鸟的啾啾声，代表着小孩子的哭闹声。这是因为鸟的弱小与动作的敏捷，像活泼小孩子的化身，你现在可能正因孩子的教育问题而不胜烦恼，并且想忘也忘不掉。

（E）正确地报告时间的钟声，代表着定期付出，又代表着你对于这种付出，有着持续且永远不绝的恐惧感。你是不是正为那巨额的贷款烦恼，而陷入无止境地分期付款的地狱中，一直无法解脱？

第六章

哈佛助你——知己知彼慧眼识人

1

测测你身上成功的潜质是什么

很久没去钓鱼了，这天终于有了空闲，你会选择去什么地方呢？

A. 山谷的小溪；

B. 海岸边；

C. 乘船出海去；

D. 人工鱼塘。

★妙探心理★

（A）你有长远的眼光和周密的工作安排，能合理安排好一个月后的行程。可惜你做事比较保守，缺乏冲动，不能一心一意地投入。

（B）你很在乎投资的回报率，总是能以较少的投入换取较多的收益，很有生意人的眼光。

（C）你一工作起来就很难再停下来，喜欢乘风破浪的快感，总是一股脑儿地拼命。

（D）你的信心很足，不打没有准备的仗，并且具有战略战术意识，头脑果断而冷静。但是一定要注意不要和人争功，否则可能会成为你的败笔。

2

测测你的天赋是什么

你赶着去坐电梯，却因迟了一步没能赶上。请回想一下，你在等电梯时，最常表现出的行为是什么？

A. 禁不住反复数次摁按钮；

B. 有时会在地上跺脚；

C. 抬头看天花板；

D. 注视地面；

E. 盯着显示楼层的指示灯，门一开便立即冲进去。

★妙探心理★

（A）在周围人眼中，你的人缘不错，是个比较随和容易接近的人。但你有时会有些情绪化，而且还可能以自我为中心，一旦对

一些事着迷或心中确立了某个目标或计划后，你会在不经意间忽略周围的人或事，这个时候一些外来的干扰容易影响你的心情。如果未来做领导工作，能深得下属爱戴，但处理问题时有些过于理性。

（B）你很小心谨慎，从不做冒险的事。你可能是那种性子有些急，办事讲究效率，时间观念强，常常雷厉风行的行动派。你内心世界丰富，洞察力强，并且很相信自己的直觉和判断力。生活中你比较感性，如果你具有一些艺术才华，那么你应该一有机会就尽量展示，很有可能在这方面有所成就。

（C）这类人大多心理防卫意识比较强，不愿轻易让人看出自己的内心世界。但他们也有许多优点，比如一般求知欲旺盛，知识丰富，成功的欲望比较强，能凭直觉洞察他人。他们交友更倾向于少而精，交际范围不广，却能培养出深厚的友谊。

（D）这类人可能平时看上去比较沉默，不爱公开表达自己的看法。其实他们往往心地善良、真诚、坦率，容易相信他人和帮助他人，会受周围人喜欢，人际关系上很少出现纠纷。但这类人也有问题，他们不太善于拒绝，有时候缺乏原则，属于烂好人一类。

（E）你是个比较理性、稳重、办事小心谨慎的人。不太喜欢插手别人的事，不爱惹麻烦，有时很容易被别人忽略你的存在。但你做事有条理，很受周围人特别是长辈的信赖。很注重选择，可能不太喜欢做冒险和没有把握的事。

3

你是懂得把握机会的人吗？

有个年轻异性向你问路，而他要去的方向恰好和你要去的方向相同，你会怎么做呢？

A. 告诉他方向相同，可以一起走；

B. 你会默默地带他到目的地；

C. 很详细地告诉他，再从后面跟着；

D. 告诉他走法，自己另走一条路。

★**心理解密**★

（A）人生何处不相逢，既然相逢便是一种缘分，你能与他同行，可以说是个善于利用机会的人。你做事认真负责，也能有涵养地为对方着想，懂得尊重别人。

（B）你是个只顾自己、自求满足的人。你无视对方的困难，而一味强求，因此会制造敌人。但因为你的态度强硬，也有不少人会跟着你走，是属于政治家类型的人。

（C）你把自己的事和别人的事分得很清楚，但又不会只告诉

别人方法。你喜欢跟在别人后面求安全，也许由于这种原因，使你得到许多成功的机会。

（D）你意志软弱，却又讨厌人家误解或低估自己的能力。一旦受人之托，又觉得是一种负担而感到厌烦。你没有意气相投的朋友，也没有敌人，是个作风相当独特的人。

4

你是爱冒险的人吗？

新婚度蜜月，你会选择什么地方呢？

A. 豪华大饭店，那里有各种服务和设备；

B. 普通小旅馆，但附近风景秀丽，人烟稀少；

C. 乡村地区；

D. 异国著名风景区。

★心理解密★

（A）你真懒得可以，根本不愿意冒险去做任何事情。你觉得困难的事既劳心又费力，做起来不划算，不如选择方便简单又不用动脑的事。遇到你这种人，也只能举双手认输了！

（B）你可能会去冒险，心里头会有想法，可是要付诸实际行动，你又有点犹豫，原因是你怕麻烦，所以你常游走于冒险的边缘，只要偶尔尝试一下，自己就很满足了。

（C）你很愿意去冒险，只要有机会你很愿意去闯荡一番，但是你比较理性，会等一切都准备妥当后再出发，而且太危险的行为你不愿意尝试，是个挺有计划的冒险典范。

（D）你是不可多得的冲锋陷阵型人物，如果生在古代，一定是个骁勇善战的将军。你视冒险为一种磨炼，喜欢尝试陌生的东西，对于刺激的事物有强烈的征服欲，但是要注意安全！

5

你希望有什么样的朋友？

你没钱缴房租，被狠心的房东赶出来，一个人孤零零地流浪街头。就在这时，你碰巧遇到以前的同学，他说带你到他家去住一晚，你的回答是什么呢？

A. 真是太谢谢你了，我正发愁去哪儿呢；

B. 不用了，我先找旅馆住下再说；

C. 不好吧，太打扰你了。

★妙探心理★

（A）你重视能够和你心灵交流的朋友，在你看来，找一个可以与你吃喝玩乐的朋友，还不如交一个可以与你彻夜长谈、掏心分享的知己。有时候你们无话不谈，是亲昵的好友；有时候你们又会产生分歧，吵得不可开交，不过无论如何，都不会影响你们的友谊。

（B）你的性格属于犹豫不决、缺乏自信的那种，所以你常常会很难下决定。当你遇到需要选择的时候，非常希望朋友可以帮你下决定。你特别欣赏做事果断明快、行动力强的朋友，那是因为他们具有你无法拥有的优点。如果有一个这样性格的朋友在身边，你会觉得很有安全感。

（C）你觉得分享心情、没事一起到处鬼混，是朋友最基本的功能，但其实最重要的应该是金钱上的支持。缺钱对你来说是一件最可怕的事情，即使你不会没事就向朋友借钱，但是万一有急用，你希望朋友是最大的后盾。交一个有钱的朋友，可以让你们的友谊更稳固。

6

你的他是可以托付终身的人吗？

相爱总是简单，相处太难！沉浸在爱河的你对他了解吗？他是可以托付终身的人吗？如果你的心中还存有疑虑的话，那就让他仔细地做一下这个测验吧。

不远处的栅栏边，有一个打扮入时的女孩正向你的男友微笑，并主动挥手和他打招呼。可你的男友却怎么也记不起这个人是谁。这时他心里会认为发生了什么事?

A. 可能我（你男友）丢了什么东西，被她看到了，想提醒我一下;

B. 可能她正和自己的朋友打招呼，只是自己的位置坐得太巧了，或者她认错了人;

C. 她可能是个慧眼识英雄的星探，觉得我够帅，想栽培我;

D. 反正不认识，看起来也不是什么好人。

★妙探心理★

（A）他是个比较听话的男人。他会事事顺着你，决不会对你挑剔，会是个听话的丈夫。不过他可能会比较被动，什么事都要你让他去做，而不是他自己要做。想让他主动，那你可要费点心思了。

（B）他是个肯负责任的男人。他也许不是一个体贴的丈夫，但一定是一个负责任的丈夫。他会毫无怨言地为你处理一切麻烦事。可是如果你想让他在你不舒服的时候很细心地照顾你，那可能就难了。他有些大男子主义。

（C）你的他有点自负。他有些过于自信，对未来还抱有某种幻想。他可能不会帮你做家务，但却不是因为大男子主义，而是他习惯这一切都由你来做，他认为你身为妻子，做那些事是理所应当的。但你也不用天天为你的辛苦抱怨，因为他在其他方面会是一个很合格、很体贴的丈夫。比如他会在某天下班的路上为你买来一张你最爱听的CD或者偶尔会给你惊喜。

（D）他是一个百里挑一的好男人。你可以放宽心地没有任何顾虑地嫁给他。他绝对会是一个好丈夫。他会主动承担家务，并对你的生活起居呵护得无微不至，还会努力挣钱养家。因为他的人生信条是好男人不会让自己的女人受一点点伤。这样绝对的好男人，你可要好好珍惜哦！

7

测测你的职场成熟度

如果你在一家大公司任职，老板起草了一份三页长的计划书让你去执行，你看过之后，认为这个计划不切实际，操作起来不但会增加成本，还会引起客户和员工的不满。在这种情况下，你会怎么选择呢？

A. 老板永远是对的，按照计划书去执行，等出现问题后再提出自己的想法和建议；

B. 采取迂回委婉的方式告诉老板自己对计划书的看法，最终的决策还是老板做；

C. 直接告诉老板，这个计划书不切实际，无法执行。

★妙探心理★

（A）你知道老板不喜欢那种当面质疑他权威的人，所以采取了明哲保身的做法，看来你已经在职场中有所历练。可是，这样做并不是最好的选择，老板同样也不喜欢自己的下属总是以"事后诸葛亮"的面孔出现。如果真的有更好的想法，建议你在仔细想清楚

之后，用一种委婉的方式向老板提出来。这样不仅顾及到了老板的面子，还让自己的想法能够实现。你这样做，会让老板觉得你确实是在为公司的利益考虑，相信以后会更加重用你。

（B）你会在照顾老板的面子和自我价值的实现之间取得完美的平衡，你懂得用委婉的方式向你的上司阐述自己的观点。所以，你已经是职场达人了，可以在工作中游刃有余，相信你的职业道路一定会一帆风顺，升值加薪指日可待。

（C）你的职场成熟度实在是太低了，你鲁莽的举动在一开始就会让老板感觉不舒服，觉得很没面子。虽然忠言逆耳，但你还是会让老板感到你似乎没有资格管理这一切。给你一个小建议吧：当你对老板的决定有不同意见时，不要直接说出反对意见，因为你的这种行为会让老板觉得你是在质疑他的权威和能力，本来你是好心建议，最后反而会让自己陷于尴尬的境地。

8

测测你是否重感情

假设你和朋友到海洋馆去玩，这是你第一次这么近地看这些海洋生物，你最想看的动物是什么？

A. 海龟；

B. 海豚；

C. 稀有鱼类。

★妙探心理★

（A）你很重视友谊，也懂得知足，只要是真诚的好朋友，不管对你做什么，你都会感到很开心。有时候，你从朋友那里得到的快乐，反而是因为你对他们的帮助而获得的。助人为快乐之本，你觉得当自己还有能力为朋友付出的时候，这是另外一种用钱买不到的开心。

（B）你很重感情，特别容易感动。当遇到困难时，朋友只要对你说一句"有什么需要你尽管说，我一定帮忙到底！"就会让你很感动。或是当你生日的时候，朋友暗地里为你筹备一个生日聚会，你也会非常感动。总之，你是一个常怀感恩之心的"易感分子"。

（C）你的理智重于感情，对于任何事情，你都会从实际出发去考虑。简单地说，在寒冷的冬夜里，给你送上一碗热腾腾的粥，还不如给你100元钱更加让你愿意接受。你觉得心灵上的关心是一种无形的精神慰藉，不足以解决现实的问题，所以金钱对你来说才是最重要的。

9

你是个有责任心·的人吗？

假日里，阳光和煦，你来到公园游玩。你通常会选择在什么地方坐着，来消磨时间？

A. 能看到来往行人的坐椅上；

B. 枝叶繁茂的大树底下；

C. 可以遮阳的凉亭内；

D. 柳树低垂的湖畔。

★妙探心理★

（A）你通常不管大事小事都揽在自己身上，有时不在你责任范围内的事，也不知为何全落到你的头上来。如果你是真心想担起责任的话，当然没问题，可是如果你每次都为莫名其妙就身负重任而苦恼不已的话，那你就要学习如何在适当的时候拒绝他人，或者表达出自己的反对意见了。

（B）你最怕别人叫你负责，只要是必须肩负重大责任的工作，你总是会考虑再三，能不接受就不接受。但这并不是说你没有责任感，只是你觉得一旦答应他人，就应该负责到底，因此怕麻烦的你总是希望能省一事就省一事。

（C）有点小聪明的你懂得向别人求救。每当有事情发生时，你首先想到解决的办法就是找人帮忙。当然，这也算是一种负责任的方式，但是也可能会让有些人觉得你是因为不想负责而推卸给其他人。所以做事的时候，你应该表现出勇于负责的态度，先想办法自己解决，免得被批评。

（D）你还算是有责任感的人，但是并不会去承担一些多余的责任。只要是自己分内的事，或者是自己犯下的错误，你会站出来负责到底，找办法补救；但如果有人希望你多负担点不属于你的责任，可能就要用利益引诱才能够说动你。

10

看看你在交际中有什么弱点

你觉得在老板身上最不能让你忍受的是什么？

A. 情绪不稳定，容易"歇斯底里"，对员工实行精神压迫；

B. 专制，不听取下属的意见，一切都自己说了算；

C. 不公平，偏袒某些人，打击部分人；

D. 有暴力倾向。

★妙探心理★

（A）选择这个选项，其实就是你自我缺陷的暴露。你一有什么不如意的事就会有"歇斯底里"的倾向，不是大声叫嚷就是突然大声哭泣，恨不得让全世界的人都知道。你这种自我表现的方式也许有些幼稚，极易引起别人的情绪疲劳。为了使人际关系更加融洽，你必须对周围的人多一份爱心，同时要注意克制自己的情绪，并多考虑下别人的感受。

（B）你颇具领导才能，在一个团队中，往往起着决定性的作用。但是你的缺点就是很少听取他人的意见，建议你多听取周围人的不同意见，并适度放低身份学会谦虚。否则，最终有可能谁也不会再顺从你。

（C）你可能会有一些心理恐慌症的表现。你的交际范围往纵向深入比较容易，但横向扩展却比较困难。你总是把自己讨厌的人彻底排除在外，只愿意和一些特定的人建立更好的关系，所以，你属于不善扩大交际圈的这类人。你甚至会要求与你交往亲近的友人"不要和不喜欢的人交往"。对你来说，应该懂得博爱的内涵。

（D）你的缺点是容易变得粗暴无礼。你的问题不仅表现在行动上，而且语言暴力表现得也很激烈。假如是因为对方态度恶劣导致你的正当防卫，这还情有可原，而你往往是稍不如意就出手或出口伤人。你一定要注意控制自己的情绪，否则你会很容易和不了解你的人发生激烈的冲突。

11
看看你性格中有什么弱点

现在正颁发奥斯卡金像奖，主持人宣布了最佳女主角，当那名叫如花的女子上台领奖时却发生了一件尴尬的事情，你认为是什么呢？

A. 不小心当众跌倒；

B. 另外一个人冲上台领奖；

C. 礼服不小心撕破；

D. 到台上才发现自己听错了。

★妙探心理★

（A）你太任性了。我行我素一直是你性格上的致命伤，由于你做事太过任意妄为，常会因为欠缺考虑而让事情总是出状况。你通常最在意自己的感觉，对别人的想法总是忽视。你经常将自己的喜怒哀乐表现在脸上，甚至伤了身边的朋友自己还不知情，因此常常会在不知不觉间让人对你敬而远之。尊重他人的意见，多为别人着想，是你应该改进的第一件事！

（B）你太自大了。对自己有信心不是坏事，但如果太过自我膨胀，会沉浸在自己的得意中，听不进别人的意见，也失去了成长的空间。你常常不自觉地将一些自满的话脱口而出，跟朋友聊天的时候，往往一抓到话题，就开始滔滔不绝，很快把自己的"丰功伟绩"都讲出来，在你眼里，别人都是听众。对于生活中的小挫折，你也总是责怪别人，其实，你应该养成每天检讨自己的习惯，这样才有进步的可能！

（C）你太软弱了。无论走到哪里，你都感觉有些不自在，别人怎么看你，对你来说很重要。同样的，不管自己的心情和想法如何，你都会尽量摆出一副迷人的笑脸。为了想要做到八面玲珑，面面俱到，你通常会压抑自己的性格，按照别人的要求，做出超出自己能力的事情，如果达不到标准，就会很容易埋怨自己。你的负面情绪一直都在积累中，像一颗定时炸弹一样。或者你该去学着表达自己的喜怒哀乐，以及自己的主张和想法，做真正的自己将会让你更开心哦！

（D）你太胆小了。你最大的弱点是胆小，做事消极！什么事都会先想到最坏的结果，没有追求成功的野心。你做事的态度一向是实事求是、脚踏实地。虽然你相当值得信赖，但是你缺乏积极争取做到最好的热情，只要达到事情的最低标准，你就会停顿下来。当别人意志高昂地说："来做吧！"你却在消极地想："如果失败了怎么办？"如此畏畏缩缩、怕东怕西的做事态度，常使你在到达一个层次之后，就很难再进步，甚至成功。为什么不试着给自己一点信心，你未必是最差劲的那一个，放胆去做，其实你会表现得更好！

12

你懂得如何拒绝别人吗？

如何委婉地拒绝别人也是一门艺术。假设你的朋友向你借东西，你最不希望他向你借什么？

A. 借钱；

B. 借住在你家；

C. 借珠宝；

D. 借车子；

E. 借宠物。

★妙探心理★

（A）你是表面OK型。你会表面答应精神上支持他，但内心深处却是千百个不愿意。大家都有面子，买卖不成仁义在，不会因为借不成钱而当不成朋友的。

（B）你是尽力而为型。你会勉为其难地去帮忙，能帮多少就帮多少，这类型的人是大而化之型，他觉得不管结果如何只要尽力就好了。

（C）你是收讯不良型。你会装听不懂或暂时消失来化解尴尬场面，这类型的人很怕得罪人，因为不知道怎样去回绝对方，所以就干脆消失不见了。

（D）你是冷面臭脸型。当你决定拒绝别人时，会摆臭脸给人家看，这类型的人较自我，也比较容易得罪人。

（E）你是面对问题型。你会和对方讨论，再告诉对方有更适合的方法，这类型的人较有爱心、耐心，会帮朋友想解决的办法。

13

测测此时此刻你的
郁闷感有多强烈

假如你有一个儿子，你要他去看书，他偏偏想看电视，这时候你会如何回答他？

A. 好孩子就是肯听父母话的孩子；

B. 看完这个节目后，就要乖乖去看书；

C. 不用功看书，怎么会有好的成绩；

D. 如果你现在去看书，明天多给你零花钱。

★妙探心理★

（A）见多了各式各样的人，你更能从繁杂的交际中品味到孤独的味道。以孤独审视见识，再以扩展交际增长见识来消解孤独；给人的感觉是孤僻。

（B）你的生活还算丰富，只是偶尔在夜深人静时会感到孤独，但这其实并不是孤独，因为求助无门才是真正的孤独。

（C）越是身处被众人包围的热闹氛围中，就越不想过真实的生活。渴望享受清静，却无法逃离众人的目光，希望可以用孤独来平衡世俗的虚伪。

（D）你是个做事有规划有条理的人，当挫折、打击迎面而来，感觉难以招架时，你会觉得很孤独。但孤独是规划下一步行动前的休息，相信你在经历过这种孤独后一定会有更大的收获。

14

看看什么职业适合你

算命热潮反映人们内心的不安，在中西五花八门的算命方法中，你最信服的是哪一种？

A. 八字风水；

B. 占星图；

C. 易经卜卦；

D. 塔罗牌。

★心理解密★

（A）生活对你来说，是个严谨的课题。你对自我要求很高，办事更有一套自己独特的办法，不会人云亦云。最适合自我创业，能完全发挥你的才华和见解，是能够白手起家的优秀人才，要不然就找个能赏识你的好老板，相信你会是匹千里马的。

（B）你适合公关类工作。你兼具理性和感性，在事业发展上，你头脑反应迅速，会给接触过你的人留下深刻的印象，但是不能坚持到底的毛病是你要特别注意的。任何和人际关系密切相关的工作，其实都很适合你，如公关、业务、记者等，不要半途而废，只要你肯坚持，成功一定指日可待。

（C）你适合研究类工作。你性格爽朗，总是往前看，对于昨日的失败，你不会耿耿于怀，能持续往前冲。研究型的工作之所以最适合你，是因为你有不怕困难、越挫越勇的精神。

（D）你感性强烈，艺术天分是上帝赐予你的礼物，创作是你发达的途径，所以你适合艺术类工作。即使你的创作能力不足以糊口，你还是可以寻找和艺术相关的工作，这样工作起来会更有成就感。那些体力劳动，或是经商等工作，并不适合你，勉强去做只会使你对自己失去信心。

15 在团队中，你一般扮演什么角色？

你所生活或工作的环境，大到社会、企业单位，小到邻里、家庭，都可以说是一个团队，而你是团队中的一分子。你在这个团队中扮演的角色显示了你在这个团体中能发挥什么样的作用。你的存在使团队更有生机吗？你是举足轻重的，还是微不足道的呢？请做下面的测试来了解一下吧。

天气不错，你走到体育中心里，看到有一个可爱的小女孩手里拿着一个气球。你感到眼前一切都非常美好。突然，女孩子手一松，气球从她手中飞走了。你觉得气球最后会怎样？

A. 挂在树枝上；

B. 被鸟啄破；

C. 会有一位大人帮她把气球追回来；

D. 飞到高空里不见了。

★妙探心理★

（A）在团队中，你一定是个领导者，你的高瞻远瞩很受众人信服。你应该继续发挥你的领导风范，引导大家走下去，因为很多人都把你当作依靠。

（B）在团队中，你的话很少，但心思缜密，只要一开口，你的意见就会受到重视。你是很有权威的。建议你继续保持优势，少说无用的话，让自己更有权威感。

（C）你在团队中经常扮演弟弟妹妹般的角色，在集体里也受众人疼爱。你可以继续发挥你的长处，让更多人喜欢你。

（D）你很有创意与灵感。在团队中，你最好去负责企划方面的事务，你的想象力和创造力，将会让别人大吃一惊。

16

在生活中，你最受什么人的喜爱？

如果你是一位新娘，第一次在丈夫家吃团圆饭，你会先从哪里开始吃呢？

A. 从最近的菜开始吃；

B. 先吃几口白饭；

C. 只要不用剥壳的就好；

D. 使眼色叫你的另一半帮你夹；

E. 先从你喜欢吃的菜开始。

★妙探心理★

（A）你最得重量级的上司或老板疼爱。这种类型的人在工作上和生活上属于默默努力型，而上司和老板也最看中你的才华，有机会就提拔你。

（B）你最得长辈或资历深的前辈疼爱。这种类型的人很有礼貌，尤其是对长辈和前辈，因此很得长辈以及前辈的疼爱，不管是

工作上还是生活上都会受到大家的照顾。

（C）你最得各个阶层的同性友人们疼爱。这种类型的人其实没有什么心眼，很好相处，在工作上和生活上会让人觉得没有什么压力，因此同性的朋友就很喜欢跟你在一起。

（D）你最得爱着你的另一半疼爱。这种类型的人在内心深处比较多女性化的特质，他喜欢当小女人或小男人，两个人在一起的时候就很得另一半的疼爱。

（E）你最得各种年龄的异性同胞疼爱。这种类型的人其实个性上是那种大大咧咧的，所以异性会认为你很好相处，大家在一起的时候很像哥儿们，感觉上很融洽，因此你很容易得异性朋友喜爱。

17

谁在背后出卖你？

当别人用下面哪个形容词来赞美你，你不仅会心甘情愿地贴上这个标签，而且还会暗自爽到不行呢？

A. 能力超群；

B. 气质不凡；

C. 天生丽质；

D. 八面玲珑。

★妙探心理★

（A）你是个聪明人，个人能力很强，但也正因为这样，所以很容易被同事排挤，要是遇到心胸狭窄的上司，也会被上司设限，以防有天你会取代他的地位。要学着适度收敛下你的锋芒，小心应对才是。

（B）你为人处世总是小心翼翼，所以很难有人出卖你。不过亲人就是你的一大死穴，你对亲人很信任。不过世事难料，人心也很难测，你容易被亲人出卖或牵连，最后只好伤心又伤情。

（C）你总是和同性保持在安全的距离内，不太会被同性出卖。可是和异性关系好过同性的你，如果哪天被人出卖，就是栽在异性朋友的手中。奉劝你对异性朋友还是要保持应有的判断力，不要被牵着鼻子走，这样才能免于一场桃花劫。

（D）你在人际关系的处理中游刃有余，不会招人妒忌，不像是会被出卖的倒霉鬼，但是你要注意的是和你称兄道弟的死党。这些让你掏心掏肺的好朋友，因为熟知你的弱点，也知道你不好意思拒绝好友的要求，可能会在你没发觉前就把你卖掉了。

18

谁是你心·目中的朋友？

如果你是一位世界知名的超级模特儿，计划拍一本具有纪念价值的写真集，你希望这本写真集的封面在哪里拍摄？

A. 原始风味的非洲；

B. 热情如火的夏威夷；

C. 冰天雪地的北极。

★妙探心理★

（A）在你的认知里，能谈得来的、足够真诚的，才能叫作朋友。你对于朋友的挑选是很严格的，三教九流的朋友也不少，总的来说，你的人际关系很不错。但是你也很清楚，谁才是自己的知心好友。对于经过考验的知心好友，你会不求回报地加倍付出。

（B）你认为朋友即使不像家人那样有血缘关系，但却是影响自己一生的人，所以你非常重视朋友，很用心地经营自己和朋友之间的关系，常常关心朋友的生活情况。如果他们有需要，你会竭尽全力出面帮忙；好久不见的朋友，你也会主动联络。你是一个很在乎朋友的人。

（C）你是一个不折不扣的独行侠。在这个世界上，能被你信赖的人，真的是少之又少，你心里的那一扇门始终关闭着。你总是一个人面对生命和生活，不管是快乐还是痛苦的滋味，你都习惯自己独自品尝。在你的观念里，友情是一种负担，而不是幸福。

19

鞋子会反映出一个女子的性格

有人说，看一个人的品位，首先要看他的鞋子。看来鞋子已经不是纯粹用来保护脚的了，还能诉说一个人的性格及心事。观察一下自己或身为女子的她，喜欢穿什么样的鞋子？

A. 凉鞋；

B. 运动休闲鞋；

C. 高跟皮鞋；

D. 学生鞋；

E. 长、短靴子；

F. 厚底前卫鞋。

★妙探心理★

（A）喜欢穿凉鞋的女孩子对自己相当有自信，喜欢将自己美好的一面展现出来。一般来说，她的人缘不错，朋友很多，对异性也充满兴趣。不过有时候会对男友要求较多，希望对方意见与自己一致，而且个性固执，不容易被说服。如果要当她的男友，可能要有耐心并且还要多替她着想。

（B）喜欢穿运动休闲鞋的女性，表面上看来大大咧咧，容易相处，但是她非常会保护自己，警觉性很高。外表好像很容易和男生打成一片，其实她们把这些男生当成同性朋友一般，反而对于心里喜欢的那一位，常是保持距离敬而远之的。一般朋友比较难看出她的心事，在坚强的心理防卫之下，其实她有非常脆弱的情感。

（C）喜欢穿高跟皮鞋的女子，个性成熟大方，喜欢思考，头脑聪明。在生活和工作上都相当尽责与努力，对周围的人和事物要求会比较高，但是因为想要的东西太多，有时会因为无法满足而心情不好。一般来说，这样的女子比较适合坦诚相对，如果你想要追求她，就大方地对她好，关心她，如果她觉得你是一个值得交往的对象，通常她不会故意为难你。

（D）喜欢穿学生样式、造型简单鞋子的女子，个性单纯敏感，家庭教育严谨，容易压抑自己的情感。一般来说，爸妈可能管得比较紧，或是学校、工作场所风气较为保守，所以平时言行比较内敛，但是这样的女子内心很想去尝试一些冒险的经历，但要小心旅行时容易受骗。

（E）喜欢穿短筒靴子或长筒马靴的女子，爱好自由，个性独立，不喜欢受拘束，勇于表现自己。一般来说，这种女子不是外表出众，就是相当聪明有能力，容易成为异性倾慕的对象。虽然看起来好像不难亲近，但是要成为她的男友，必须具有某种才华，并且了解她，才能赢得她的芳心。

（F）喜欢穿厚底鞋或造型特殊鞋子的女性，注意时尚并且追随流行，喜欢成为大家眼中的焦点，外表看来作风大胆，其实内心相当保守。她可能对自己本身不具备足够的信心，所以希望自己能够成为流行的一分子，让人也注意到她的存在。想要追求她的人，必须多多肯定她的优点，给予鼓励，才会让她更加有自信。